I0786249

La **S**ubversión
contra
Estados Unidos
y
Cuba

Eduardo and Edward Prida

Agradecimientos

A mis héroes el Profesor Johnny Clark y Pedro Encinosa.

Al Embajador de Estados Unidos Armando Valladares, a Raymond Molina y Frank Alonso.

Gracias al ex Gobernador de Nuevo México Bill Richardson por la gestión que hizo representando al Gobierno de Estados Unidos por mi libertad, en los momentos que estaba próximo a morir en la prisión de Quivicán.

Al apoyo de mis companeros de lucha por tantos años contra los comunistas sovieticos/rusos y sus marionetas.

Al arquitecto Jesús Permuy, del Centro de Derechos Humanos; Capitán (US ARMY) Rolando Perez (Ph D), Presidente de Bear Witness Central; Rosa Pena, Presidente de Tea Party en Miami; al Prof. Pepín Alvarez (PhD); al periodista Gustavo Roca; a Omar Pérez (PhD) y Julian Suáres; a los hermanos Sergio Cutié (PhD) y Jesús Cutié, a quienes les agradezco sus ejemplares enseñanzas desde mi niñez.

A mis hijos, Ing. Elizabeth, Dr.Karen, Dr. Ernest, Douglas y Edward Prida III, por su aporte patriótico en diferentes ramas de las Fuerzas Armadas de los Estados Unidos, donde prestan sus servicios.

Que Dios los Bendiga a todos y gratitud eterna por el apoyo a esta obra llena de Fe, en que pueda ayudar a crear conciencia de la magnitud del daño creado por nuestros enemigos a la Humanidad.

A todos los que me han dado los Buenos Días y las Buenas Noches!!

A todos los que me han deseado el Bien y el Mal.

Muchas Gracias,
AN ANASHA!

Ed Prida

Nota al Lector

El mensaje de este libro no está hecho con la intención de destruir los argumentos de liberales, izquierdistas, demócratas, castristas, ateos o creyetes, adictos a drogas, homosexuales, negros o blancos, comunistas o cualquiera que pueda ser su afán político.

Sencillamente, el libro pone de relieve los mecanismos psicológicos que de manera sutil nos han hecho víctimas del veneno que han puesto en nuestras mentes. Fenómenos sociales que se vuelven día a día, cotidianos y familiares, que parecen ser la excresencia del desarrollo. Sin embargo han sido productos creados por mentes malignas para destruir nuestras naciones, nuestras escuelas, nuestras familias, nuestros hijos.

Como víctima de este engaño, desde niño fui atraído a participar activamente en este proceso como "jugando con la armas" y me convertí en testigo, co partícipe y confesor de los actores y los detalles detrás de los sucesos que conmovieron en su momento a Cuba y algunos el mundo, pero Gracias a Dios, pude a comprender y valorar los objetivos de la presencia soviética en Cuba.

De un simple soldado de fila y en otros como modesto profesor, llegué a obtener la confianza de muchas personas de bajo y altos niveles de la "Nomeklatura", a los que agradezco sus informaciones que son parte de este libro y otros más, que con mucho esfuerzo he logrado encontrar la pruebas de lo que conozco y dejaron de convertrise en testimonio personal para ser contundentes denuncias con evidencias y pruebas con documentos oficiales de los archivos de la CIA, FBI, Servico Secreto, Congreso, Senados. Fotos públicas donde he podido identificar a pesar de los maquillajes y gracias a que los conoci personalmente en fotos públicas de aquella epoca, la comunicación personal durante años con el "mejor espía del siglo" Victor Pina Cardoso, agente de la KGB a nivel internacional por por más de 25 años de servicio, el Gral. Jose Abrante, Ministro del Interior; el Gral. Abelardo Colome Ibarra; Capt. Emilio Aragones; Comandante Aldo Margolles; Comandante Juan Almeida; Capitán (Dr) Julian García; Comandante Guillermo García; Vilma Espín; Capitán Osmany Cienfuegos, Comandante Jesús Montané; Comandante Pedro Miret Prieto; Celia Sánchez Manduley; Secretaria del Consejo de Estados y Ministros; el Capitán Cesar Alarcon; Rolando Barros, tripulante de Cubana que hcieron vuelos importantes; el Dr. Adolfo Mendez; Primer Teniente Roberto Ruiz, Jefe del Escuadrón de Mig-19 y asesor en Viet Nan junto al Capitán Douglas Rudd Mole; Comandante Alvaro Prendes; Capitán Arturo Lince; Comandante Hermes Cardero; General Oscar Fernandez Mell; General Fernando Vecino Alegred; Coronel Pedro Fumero, torturadores de los pilotos americanos en Viet Nan y en La Habana; Ministro Heliodoro Martínez-Junco; Comandante Universo Sanchez; Coronel Manuel Rojas; General Manuel (Chomon) Lopez; Coronel Pedro Perez-Verde; Coronel Juan Lolinet Pena; Coronel Orlando Mayeta; General Rolando Matos; General

Jose Palmer; General Enrique Carreras Rolas; General Rafael del Pino; Capitan Cesar Alarcon; General Wenseslao Banda Columbie, con grupo de personas y otros más estuvimos en contacto de trabajo directo durante muchos años y en diferentes trabajos, que empezaron desde mis 13 años de edad en el Departamento de Seguridad del Estado, como mecanógrafo en la oficina del aeropuerto "Jose Martí" y luego como operativo en la Sección Clandestina WQ-89, investigador clandestino y profesor de la Contra Inteligencia como el agente Celedonio, técnico de Mig-19 y Mig-21, cadete piloto-ingeniero, psicólogo forense, ciencias penales, antropólogo físico, profesor del Instituto Superior del Ministerio del Interior del Partido, profesor de Psicología Aeronáutica en la Escuela Militar de Pilotos de Aviación, Investigador Científico-Militar en el Buró de Investigaciones de la Fuerza Aérea con la preparación política, militar y científica para haber jugado estos roles y relacionarme con esta pequeñísima lista de personas, que también como yo fueron engañados y quizas usted, pudo haber sido víctima de la misma trampa conocida de manera jovial como "limpieza de cerebro".

Yo moriré satisfecho y convencido de que fui escogido por el Supremo Creador para emprender este peligroso camino, plagado de terribles experiencias como sufrir cárcel, tortura sistemática y persecución como castigo inextinguible por las actividades que acometí en solitario y silencio, en silencio.

Su amigo siempre,

Ed Prida

Índice

Capítulo 1

Definiciones de la Subversión

La subversión como método es muy antiguo; fue utilizado en China, en el siglo IV AC, por un general y filósofo llamado Sun Tse.

Desde ese momento, esta ha sido la forma de ganar una guerra sin llegar al campo de batalla.

En el Diccionario de la Universidad Británica de Oxford, la palabra subversión hace su entrada, a fines de la Edad Media, al inglés del subversivo francés; y esto, a su vez, América "destructor s" sub - prefijo y un sufijo compuesto continuación más vert - cambio. El diccionario Larousse lo define como: "una acción contra los valores establecidos". Para las agencias de inteligencia, la subversión es un estilo de táctica de guerra que distrae la atención del objetivo real y de quienes lo ejecutan porque se realiza dentro de un marco de acción legal aceptable utilizando los canales de relaciones más civilizados entre los diferentes factores que componen un país, incluidas las relaciones diplomáticas y académicas entre los diferentes países, especialmente cuando se trata de países con modelos totalitarios.

Concepto operacional

La subversión es un proceso de ataque a la moral pública. Se usa como una herramienta para alcanzar objetivos políticos porque es menos riesgosa, pero los resultados se logran a mediano o largo plazo; los resultados son estables porque la mente de los agredidos es pasiva, el resultado es muy diferente cundo se invade a un país, los resultados son inmediato, pero la guerra de resistencia continua indefinidamente con un alto costo político y militar.

Es la forma de hacer la guerra sin armas, y sin soldados.

Un trabajo subversivo tiene como intensión hacer cambio social o político, cambia la forma de pensar de un país para que la invasión militar sea exitosa y bienvenida.

También se puede utilizar como la forma de conocer las vulnerabilidades del enemigo a los ataques encubiertos.

La subversión tiene como objetivo operacional debilitar desde adentro a las fuerzas enemigas. Romper las lealtades a las ideas políticas y religiosas que dan coherencia al grupo enemigo, para someterlos luego más fácilmente a las normas del agresor.

"Subversión -. Las acciones dirigidas a desbastar la moral de la fuerza militar, económica, psicológica o política o moral, de una nación.

"Actividad subversiva: cualquier persona que preste ayuda, consuelo y apoyo moral a individuos, grupos u organizaciones que defienden el derrocamiento de gobiernos en funciones por la fuerza y la violencia es subversivo y participa en actividades subversivas. Todos los actos intencionales que pretenden ser perjudiciales para los mejores intereses del gobierno y que no entren en las categorías de traición, sedición, sabotaje o espionaje se colocarán en la categoría de actividad subversiva". [12]

"Acción política subversiva: Crear escenas públicas para lograr objetivos políticos al influenciar, dominar o desplazar a individuos o grupos que están en una posición tal que afectan las decisiones y acciones del otro. Por ejemplo, los actos de terrorismo contra grupos indefensos como escuelas y actos públicos y después desatar una campana para demostrar la vulnerabilidad del sistema defensivo.

En resumen, la subversión consiste en desencadenar sucesos públicos que sus consecuencias impactan contra el poder político demostrando su incapacidad defensiva y llevando a la opinión pública a protestar por las supuestas negligencias o deficiencias del sistema, esto interacciona con las esferas políticas, económicas, psicológicas y militares con el objetivo de que el enemigo sea desmoralizado, la población pierda confianza y el gobierno se sienta fuera del control de la autoridad de un país.

Detectar la Subversión

La subversión es necesario identificarla para neutralizarla. Es necesario reconocer las entidades, estructuras y sucesos inducidos que tienen un origen y recursos indetectable pero capaces de crear crisis y falta de control sobre una nación, hasta crear el derrumbe total. Sin embargo, si nos preguntamos para qué y para quienes sirve lo que ha sucedido, tenemos una respuesta de quienes orquestaron el suceso.

Es muy importante identificar los mecanismos y sucesos inducidos utilizados por el enemigo que por su apariencia no son subversivas. Las instituciones y la moral pueden ser subvertidas para borrar los valores ideológicos.

Las "noticias falsas" juegan un papel de apoyo fundamental para la subversión voluntario.

La subversión, sin embargo, también es a menudo un objetivo de " tontos ", artistas y personas en esas profesiones que tienen acceso a muchas personas, considerándose como líderes de opinión o emergentes. En este caso, ser subversivo puede significar cuestionar, burlarse y socavar el orden establecido en general.

Cuando se habla de comedia o el humorismo subversivo, es un mensaje tan efectivo como puede ser una denuncia.

Los medios de difusión es el equipo bélico principal de la Subversión, que puede ser voluntario o por contratación.

Otras formas de hacer y tipos de subversión

Cada tipo de subversión sigue un método de estrategias específico utilizando las condiciones de donde y cuando se va a utilizar, así como el tipo de herramientas y prácticas se emplean en función del objetivo...

Las campañas subversivas se diseñan de acuerdo al país o región donde se aplicará debido a las diferencias sociales, políticas, económicas, culturales e históricas que tiene cada país.

Las actividades subversivas se emplean en base a una evaluación de estos factores. En primer lugar, es preciso localizar cual es el objetivo más importante, a donde focalizar para "limpiar el cerebro" del individuo medio, este desglose simplemente aclara quiénes son los actores. Si bien los actores subversivos pueden ser diferentes, los objetivos subvertidos son los mismos.

Las capas o estructuras gobernantes y políticas son los objetivos finales de la persuasión porque controlan los instrumentos físicos del poder estatal y el objetivo final de la subversión es hacerlos perder el control.

La subversión interna es una acción tomada por aquellos dentro de un país y puede ser utilizada como una herramienta de poder. En la mayoría de los casos, el uso o la amenaza de la fuerza es el último paso de la subversión interna.

La subversión externa casi siempre viene de otro país en cooperación con las fuerzas internas y más tarde se convierte en una herramienta eficiente para gobernar. Los voluntarios extranjeros de otro país pueden cooperar para introducir y aplicar la subversión externa.

La razón de esto son los individuos que pueden compartir legítimamente la causa de los disidentes internos subversivos y legítimamente se han ofrecido como voluntarios. Solo cuando el propio gobierno proporciona a una nación dinero, armas, suministros u otra ayuda a los disidentes, puede llamarse subversión externa.

Terreno óptimo para la subversión política

Desafortunadamente, cuantos más derechos y libertades existe en un país, más fácil acepta la subversión.

Por esta razón, las democracias representativas que garantizan derechos ciudadanos más allá de lo que pueden económicamente ofrecer se vuelven muy débiles y vulnerables a ataques subversivos, haciéndose estos generalizados a todos los niveles de la población, invisibles y silenciosos. Esta es una de las formas en que los liberales son utilizados para sustentar la destructiva maniobra de la invasión masiva de inmigrantes, en su gran mayoría masa improductiva que consume gran parte de los recursos sociales producidos por los nacionales y destinados a estos por derecho propio, y recursos que son desviados a personas que no tienen derecho a los mismos.

Por el contrario, es prácticamente imposible utilizar estos mecanismos subversivos y penetrar en una sociedad cerrada y totalitaria porque los medios masivos de difusión están bajo el control de las dictaduras, como es el caso de Rusia, China, Cuba, Corea del Norte, Venezuela, etc.

Otros países que, aunque no tienen un régimen totalitario y centralizado cuando tienen un patrimonio cultural bien internalizado en la conciencia social, se hacen invulnerables a procesos subversivos, como podemos constatar Japón, India y el mundo árabe por su antigua religión. En ambos tipos de países, totalitarios y con una cultura cerrada, la propaganda extranjera siempre tiene un destino: ir a la basura y ser consumido por el fuego; en los sistemas totalitarios es practica conocida la intercepción de la comunicación, sea escrita o digital será sometida a la supervisión de los especialistas para detectar cualquier información que contradiga la información oficial del régimen sobre cualquier suceso o evento.

En la actualidad, el espionaje, como lo vemos en las novelas y películas, específicamente enfocado en encontrar cierta información dentro del territorio enemigo, ocupa del 10 al 15% de los recursos económicos y el tiempo de trabajo de las agencias de inteligencia. Mientras que la subversión consume el 85% del resto de la actividad de la Inteligencia general.

Dentro de esta actividad, existe el trabajo de penetración ideológica que puede, sin usar misiles nucleares, subvertir o cambiar los perfiles de un gobierno a favor de los comunistas.

Este método ha tenido éxito en Rhodesia, Vietnam, Bangladesh, Cuba, Nicaragua, Angola, Venezuela, Bolivia, Ecuador, Chile, Argentina, Iraq, Etiopía, Yemen del Norte, Irán, Estados Unidos y otros.

El arsenal de la Guerra Psicológica de la URSS es el armamento más secreto y pérfido jamás usado. Las lecciones amargas de la subversión soviéticos en Cuba por el grupo Caribe de la KGB y su líder con el seudónimo del Zorro del Caribe, Fabio Grobart (Juan Blanco), José Cohen, y su principal operativo Víctor Pina Cardoso y el General de la KGB Nicolai Leonov y otros que al observar sus conductas durante muchos años para subvertir el orden en Cuba y las conferencias de Yuri Bezmenov, al comprenderlo estamos en el camino de comprender el alcance de la maldad del enemigo para obtener para sus mezquinos intereses a nuestros países.

La Subversión Política e Ideológica es la aplicación de las herramientas y conceptos de la Psicología Social, utilizando datos de la Demografía, la Sociología y el uso dirigido de los medios de difusión masiva.

El KGB y GRU, y otras agrupaciones políticas afines que preparan lideres emergentes y agentes de penetración para crear supuestamente imágenes ajenas, independientes y contrarias de los conocidos Partidos Comunistas, estos "lideres" se le aplican todo tipo de técnicas para ser controlados dócilmente y producir conductas automáticas por inducción hipnótica o bajo drogas. Los cuales son capaces de inducir a ciertas personas hacerle cometer ataques, sabotaje, etc., estas son aplicaciones clásicas de la Psicología Militar.

La Disonancia Cognitiva creada por León Festinger, fue usada por Cuba contra los pilotos militares estadounidenses prisioneros en Vietnam del Norte y después un grupo seleccionado fueron llevados secretamente a Cuba. Allí fueron sometidos a tareas y estímulos para el desequilibrio emocional, hambre, sed, dolores físicos, acoso, perdida de la noción del tiempo, ausencia de sol, incomunicación, tratos diferenciales, etc. Este método desactiva las relaciones interpersonales dentro del grupo para que cada individuo se siente aislado y traicionado por el resto del grupo, cognitivamente se le aplican estímulos para crear conflictos con las actitudes opuestas a sus originales convicciones y conductas erráticas capaces de desarrollarse y proyectarse cuando fueron devueltos a los Estados Unidos.

El objetivo de este procedimiento era desmoralizar las Fuerzas Armadas de Estados Unidos y sus esfuerzos por detener la invasión del Norte sobre el Sur.

Existen otros tipos de síntomas en algunos prisioneros conocido en la Psiquiatría Clínica de la postguerra como Síndrome de Estocolmo. Pudiera existir cierta diferencia entre ambos métodos, los que adquieren el Síndrome de Estocolmo se identifican voluntariamente con sus castigadores o captores sin que un procedimiento psicológico en especial haya condicionado tales afiliaciones con sus enemigos. El método seguido por los países totalitarios es diferente, utilizan supra estímulos, como el aislamiento, perdida de la orientación en tiempo y espacio, el hambre y el mal trato, golpizas, ausencia de higiene y cuidados médicos, ejemplo típico fueron los pilotos americanos capturados en Vietnam, sometidos a un régimen de tortura psicológica y física sistemáticamente para someterlos al método de la "Disonancia Cognitiva" método que persigue el cambio de "actitud" del individuo y hemos visto como algunos de ellos aún persisten la falta de coherencia en su actitudes..

La Disonancia Cognitiva

Cada persona tiene una fuerte necesidad interior de que sus actitudes y, su conducta sean coherente y balanceadas entre sí. Cuando se introduce una inconsistencia en la búsqueda del equilibrio produce la falta de armonía, lo que produce tensión interna hasta tanto se resuelva.

La incomodidad, la tensión o la ansiedad experimentada por los individuos cuando sus creencias o actitudes entran en conflicto con lo que hacen. Este displacer puede llevar al cambio de la conducta o renunciar a sus actitudes a través del autoengaño para obtener ventajas que necesita...

Verdadero o Falso

Cuando existe en una persona poca motivación extrínseca para justificar un comportamiento que va en contra de su actitud entonces se cambia de opinión para racionalizar nuestras acciones.

Los resultados de un experimento de Festinger, nos ilustra sobre la importancia del uso de las tareas monótonas y difíciles utilizadas sobre prisioneros o ciudadanos de países totalitarios. Se utilizaron tres grupos, que realizaron una tarea que evaluaron como muy aburrida. Posteriormente, se le pidió a los sujetos que mintieran, pues tenían que decirle a un nuevo grupo que iba a continuar la misma tarea, que ésta había sido divertida. Al grupo 1 se le dejó marchar sin decir nada al nuevo grupo, al grupo 2 se le pagó 1 dólar antes de mentir y al grupo 3 se le pagó 20 dólares.

Una semana más tarde, Festinger llamó a los sujetos del estudio para preguntarles qué les había parecido la tarea. El grupo 1 y 3 respondió que la tarea había sido aburrida, mientras que el grupo 2 respondió que les había parecido divertida.

¿Por qué los miembros del grupo que habían recibido solamente 1 dólar afirmaban que la tarea había sido divertida?

Los investigadores concluyeron que la gente experimenta una disonancia entre las cogniciones en conflicto. Al recibir sólo 1 dólar, los estudiantes se vieron obligados cambiar su pensamiento, porque no tenían otra justificación (1 dólar era insuficiente y producía disonancia cognitiva). Los que habían recibido 20 dólares, sin embargo, tenían una justificación externa para su comportamiento, y por tanto experimentaron menos disonancia. Esto parece indicar que si no hay ninguna causa externa que justifique el comportamiento, es más fácil cambiar de creencias o actitudes.

Cuando se presenta la disonancia cognitiva, además de hacer intentos activos para reducirla, el individuo suele evitar las situaciones de conflicto. A nivel social la disonancia cognitiva es utilizada dentro del diseño de las operaciones de subversión política e ideológica.

El FBI encontró que una muestra de 1200 personas secuestradas solo el 8% se identificó con sus captores y esto duro realmente un tiempo relativamente corto.

El Síndrome de Estocolmo, es un cambio de actitud y conductas por un mecanismo de defensa que forma un vínculo afectivo de dependencia y justifica a sus captores, de modo que va modificando sus actitudes hasta tomar la misma actitud que sus captores, asumiendo sus estilos de comportamiento, ideas, motivaciones, creencias o razones que emplean los secuestradores para privarlas de libertad. También se le conoce por el "Síndrome de identificación de supervivencia". Cuando la víctima es liberada, puede presentar muestras que evidencian que padece el síndrome porque siempre trata de parecer como sus captores.

Estos principios avalados por experimentos nos explican como las personas provenientes de sistemas totalitarios en su gran mayoría de alguna forma mantienen un nexo de identificación con los maltratos y ausencia de derechos humanos que sufrieron. Tratan de justificar y aceptar la injustica que recibieron, llegamos a la triste conclusión que se adaptaron a vivir en cautiverio, precisamente esto es lo que persigue el globalismo, el comunismo y todas las formas de opresión.

Toda esta información nos da un marco de referencia para reevaluar a los enemigos y analizar muchos eventos que han ocurrido con apariencia espontánea y muchos se culpan a la CIA; los soviéticos han pasado inadvertidos como los autores de estos ataques. Los rusos de la Era Post Perestroika son herederos y seguidores de estas técnicas y han visto el éxito en la política en los Estados Unidos como estamos viendo en la cantidad de nuevas formas que ellos desmoralizan y dejan fuera de la escena política a todos los potenciales "malos enemigos" como hemos visto desfilar con acusaciones de vínculos, negocios, etc. que han sido preparados por los servicios de Inteligencia rusos para destruir personas que podrían ser difíciles rivales además de la penetración cibernética que adopta muchas formas que no son detectables pero muy efectivas para crear "fuentes de rumor" escribiendo opiniones en grandes cantidades y confundiendo a la opinión pública creando conflictos, engaños y divisionismo.

Las acciones subversivas se pueden agrupar en cuatro categorías:

- Crear grupos de fachada y manipular los partidos políticos existentes
- Infiltración de las fuerzas armadas, la policía y otras instituciones del estado, así como importantes organizaciones no gubernamentales.
- Generar disturbios civiles mediante huelgas y boicot.
- La creación de nuevas organizaciones con el orden del día, pero con nombre diferente s y liderazgos secreto, pero todos bajo el control de comunistas.

"Las ideas son más poderosas que las armas. No queremos que los enemigos tengan armas. ¿Por qué deberíamos dejarles tener ideas?

Joseph Stalin

"La postura de la víctima es poderosa. La víctima siempre es moralmente correcta, ni responsable, y siempre tiene derecho a la simpatía".

Dr. Ofer Zur, Psicología de la Victimología

"El mundo occidental ha estado completamente saturado con el cristianismo durante 2000 años... cualquier país basado en valores judeo-cristianos no puede, por lo tanto, ser derrocado hasta que esas raíces sean cortadas... pero para cortar las raíces, para cambiar la cultura, es necesaria una Larga Marcha a través de las instituciones. ¡Solo entonces la energía caerá en nuestros regazos como fruta madura! "

Antonio Gramsci

Referencias

Auerbach, S., Kiesler, D., Strentz, T., Schmidt, J., Devany Serio, C. (1994). Interpersonal impacts and adjustment to the stress of simulated captivity: an empirical test of the Stockholm Syndrome. Journal of Social and Clinical Psychology, 13(2), 207-221.

Ballús, C. (2002). A propósito del síndrome de Estocolmo. Medicina Clínica, 119(5).

Carver, J. M. Amor y síndrome de Estocolmo: el misterio de amar a un maltratador. Tomado de: cepvi.com.

Domen, M. L. (2005). Un vínculo "incomprensible" entre sus protagonistas: El Síndrome de Estocolmo. Encrucijadas, 33, Universidad de Buenos Aires.

Graham, D. Et al. (1995). A Scale for Identifying "Stockholm Syndrome". Reactions in Young Dating Women: Factor Structure, Reliability and Validity. Violence and Victims, 10(1).

Montero, A. El síndrome de Estocolmo doméstico en mujeres maltratadas. Sociedad Española de Psicología de la Violencia.

Montero Gómez, A. (1999). Psicopatología del Síndrome de Estocolmo: Ensayo de un modelo etiológico. Ciencia Policial, 51.

Muñoz Endre, J. (2008). Feminicidio. Revista Estudios Policiales, 3.

Parker, M. (2006). Stockholm Syndrome. Management Learning, 37(1), 39-41

El Manual Diagnóstico y Estadístico de los trastornos mentales (DSM-5) de la Asociación Americana de Psiquiatría.

La Clasificación Internacional de enfermedades (CIE-10) de la Organización Mundial de la Salud

Capítulo 2

La "Escuela de Frankfort" El primer Plan de Subversión contra América.

La Unión Soviética movilizó muchos efectivos de Inteligencia, Espionaje y Subversión a los Estados Unidos durante la Segunda Guerra Mundial.

Los soviéticos eran Aliados y como tales fueron tratados y penetraron las instituciones con mucha facilidad e introdujeron sus conceptos políticos y filosóficos en altos centros de estudios. Ellos supieron tapar y no aceptar opiniones sobre las atrocidades cometidas por e Lenin, Mao Tse Dong, Stalin, en contra de sus países y el resto del mundo.

En este ambiente social comienza a desarrollarse el Plan Subversivo de la llamada Escuela de Frankfurt, era un "Caballo de Troya" para inocular las ideas marxistas en todos los estratos de la sociedad americana.

En las Universidades de Berkeley, George Washington, Brandéis y Princeton y, en cierto modo, diríamos eso en todo el sistema educativo de los Estados Unidos.

Plan Subversivo de la Escuela de Frankfort

1. El debilitamiento de la autoridad del padre, el maestro y la escuela
2. La raza como una ofensa personal
3. Proponer el cambio para crear la confusión y la destrucción de los logros alcanzados
4. La enseñanza de sexo y homosexualidad a los niños
5. Enorme inmigración para destruir la identidad nacional .
6. La promoción de excesivo consumo (drogas)
7. Promover el ateísmo para destruir las iglesias . Cultura sin religión desaparece
8. Criticar el sistema jurídico por sus prejuicios contra los delincuentes
9. Dependencia a los beneficios del Estado
10. Sembrar la ignorancia con los medios de Comunicacion Social
11. Fomentar por todas las formas de la ruptura la familia

> 1, 2, 4, 6, 7, 8, 10, 11. Cultural
> 3, 5, 9. Política

A solicitud de la KGB, la Escuela de Frankfurt transforma la retórica de Carlos Marx con nuevas palabras, eliminando y alejándose de todo lo desacreditado por los hechos recientes sobre las masacres, las grandes cárceles, el hambre, etc. que eran los símbolos asociados a la hoz y el martillo.

El objetivo perseguido era el mismo: crear una masa poblacional dócil, adoleciendo de pensamiento crítico para aceptar la dependencia del al Estado para satisfacer las necesidades básicas.

Lo más decorativo era la nueva ciencia social coronada con la Ingeniería Social, todo realmente sembraba curiosidad por estos nuevos conceptos para las Ciencias Sociales. Ellos ofrecían una herramienta para organizar la sociedad, parecía un pasaporte al progreso humano a primera vista.

Además, tenía un magnetismo con "Cantos de Sirena", en especial para las capas sociales más jóvenes con el mundo libidinoso de Sigmund Freud, el deslumbrante "pan sexual ismo". El sexo está en todo, dentro de ti, fuera de ti, en cualquier objeto, el sexo se puede aplicar a todo, como el placer sexual, tiene cierta fantasía y de ilusión, así se puede transferir a cualquiera que lo quiera compartir, sea del mismo sexo o del opuesto. Es placer no importa con quien es placer. La imagen sexual se introdujo en todos los artículos para ayudar al mercado, y no se hizo esperar en la política.

El HOMBRE de la cultura occidental era la unión de Sexo y Política, ya que, según Freud, el hombre común vive bajo la presión psicológica de frenar sus impulsos sexuales, esta limitación impulsa una obsesión siempre inhibida por las normas de la ética de la convivencia. Mark Horkheimer, un famoso activista del comunismo se une con Theodor Adorno y el neo psicoanalista Erich Fromm, ellos sostienen que la diferencia entre hombre y mujer no son aspectos de las discrepancias de sus sexos, sino que se derivan de las interacciones sociales durante la vida y que en gran parte han sido establecidas por la sociedad y no por la naturaleza, lo que se traduce en la práctica que estas diferencias son puramente artificiales y, por lo tanto, ser homosexual es natural.

Razonamiento acomodado al interés de impulsar el hombre sin sexo definido, pues la propia naturaleza impuso las actividades propias para cada sexo y la distribución del trabajo entre el hombre y la mujer. La hembra es más débil que el macho, no solo en humanos, su aptitud para las labores rudas y difíciles como la domesticación de animales, la guerra era muy limitada. La hembra siempre ha sido objeto de cuidados, porque la maternidad su principal función para reproducir la especie, es un periodo delicado, el amamantamiento y cuidado de la prole, necesitaba protección aportada por los machos en todas las especies. En la época de gestación las aptitudes naturales de "cazar" las presas como la vista, el olfato y el oído, la locomoción se alteran necesitando de hecho la protección del macho, estas son leyes naturales, que también se observan en el hombre y la mujer y que el desarrollo social de una forma u otra los ha respetado y los apoya.

Como vemos claramente, no considerar la función biológica del sexo es tan absurdo como " tratar de cubrir" el sol con un dedo. "

Al final, esta nueva "orquesta roja" termino siendo conducida por Herbert Marcuse, quien apunto hacia la exaltación del sexo libre y la corrección política. Críticas a la ruptura de las normas éticas merece una corrección política.

Este injerto se convirtió, de hecho, en la base teórica de la izquierda estadounidense, gracias al apoyo de la Universidad de Columbia dirigida por Nicholas Murray

Butler e inducida por Julián Gumperz y Willi Muezemberg, miembros activos de la Internacional Comunista. Ellos trabajaron dentro de la "Escuela de Frankfort del Meno" o el Instituto de Investigación Social como se conoció en Alemania y el resto del mundo académico.

El Plan de la Escuela de Frankfort se enraizó con fuerza en la sociedad americana y Occidente en general, y este proyecto subversivo era la preparación del terreno "psicológico" para un ataque que preparaban los Soviéticos contra Estados Unidos, ellos se sentían inseguros con la calidad y cantidad de sus arsenales nucleares y convencionales, tampoco se atrevían a lanzar un asalto nuclear contra el Mundo Libre y decidieron reforzar la subversión con otro Plan, Yuri Andropov, Ministro de la KGB en mayo de 1980 lanzo desde Cuba una operación subversiva sin precedentes, como veremos en los próximos capítulos.

Los soviéticos tomaron la vía de convertir la sociedad americana y colateralmente a Europa en una sociedad mucho más dócil, más tranquila, menos curiosa, silente, indiferente, sin protestas, y sin la necesidad de hacer una revolución.

Este Plan Subversivo había ocultado el verdadero objetivo; atacar en el momento más conveniente a los Estados Unidos, solo los comunistas sabían lo que buscaban.

Aunque la Mayoría Silenciosa están luchando contra las falsas noticias, y la corrupción política del poder en Washington parece desconocer la magnitud del daño que la subversión enemiga ha causado.

Hoy, el avance tecnológico permite la comunicación entre los pueblos rápida, económico y fácil. Y por ende, hoy es factible comprobar la afinidad del Plan de los Once Puntos con el programa del Partido Comunista y el Partido Demócrata.

Algunas de las figuras más prominentes de la primera generación de teóricos críticos fueron Max Horkheimer (1895-1973), Theodor Adorno (1903-1969), Herbert Marcuse (1898-1979), Walter Benjamín (1892-1940), Friedrich Pollock (1894-1970), Leo Lowenthal (1900-1993) y Eric Fromm (1900-1980).

Desde la década de 1970, una segunda generación comenzó con Jürgen Habermas, la escuela de Fráncfort se enlaza con las pretensiones de un mundo globalista. La esfera pública habermasiana basada en la discusión crítico-racional tiene cuatro elementos esenciales:

- Cada contribuyente debería tener la misma oportunidad de comenzar la conversación, hacer preguntas, debatir, examinar y proponer.
- Todos deberían tener derecho a cuestionar los temas de discusión determinados.
- Todos deberían tener la misma oportunidad de declarar sus deseos, deseos y emociones.
- Los oradores deben tener el derecho de declarar sobre los procedimientos del discurso y la práctica de estos procedimientos, y si son excluidos a través de las discusiones, deberían tener libertad para expresar su posición y las relaciones de hegemonía que limitan su expresión. (los cuatro contenidos directamente traducidos de Özbek, 2004, 62- 3)

Hubo muchas críticas a la descripción de Habermas de la esfera pública ideal pero, principalmente, incluso el trabajo inicial de Habermas ("La transformación estructural de la esfera pública") ha enmarcado inteligentemente su grupo de estudio de caso (blanco, clase media alta, Europa occidental, Siglo XVIII) sin hacer la suposición colonial de que este es un grupo de estudio "universal" y "neutral". Su enfoque de encuadre (a pesar de que esta teoría es criticada legítimamente desde ángulos de clase, raza y feminismo [2] también) logró mantenerse como un importante libro fuente en ciencias sociales.

Como vemos, la esfera pública, lo políticamente correcto, la conversión de la raza en una ofensa, son una trampa "cazas bobos" que los liberales nos imponen para convertirnos en esclavos totalitarios.

Ref. http://scalar.usc.edu/works/me-an-ing-machi-nas/a-summary-of-public-sphere-theories

Capítulo 3

Punto Uno
"Socavar la autoridad de la escuela y el maestro"

Este punto aporta una connotación especial y ha sido la causa de la transformación del Sistema Escolar Nacional. Cada nueva generación de ciudadanos se acerca más al modelo que persigue la subversión política del enemigo. El "Lavado de Cerebro" continúa sucesivamente cada vez con más profundidad.

Punto # 1

El debilitamiento de la autoridad del padre, el maestro y la escuela
La amenaza juridica constante del educador hace al maestro debil en su role .

Resultando conductas anti sociales
por falta del concepto de autoridad

La Escuela de Frankfort "se ofrece para resolver el "conflicto entre el hijo y el padre".

Este nuevo enfoque otorga al niño la facultad para tomar decisiones, regir su persona y administrarse y el poder contra ofensivo de carácter legal del hijo contra los padres.

Los niños sin el debido conocimiento, ni experiencia no están dotados de la capacidad de rechazar las normas de la familia. Un derecho ficticio de privacidad los ampara para no acatar normativas obligatorias dentro de su marco educacional y familiar.

De hecho, se impone una nueva tendencia, no respetar la autoridad para crear el origen del caos social que a diario estamos viviendo. Los liberales de Hollywood se destacan convirtiendo en héroes a quienes enarbolan esta nueva actitud del desacato a la autoridad, destructiva de la sociedad y sus valores morales.

Esta crisis de la personalidad es, en cierta forma normal, el joven individuo experimenta el resultado de los cambios biológicos y un nuevo papel que jugar en su marco familiar, en su grupo de pertenencia y la sociedad, es básicamente un periodo de aprendizaje para su próximo role como adulto que debe aprenderse progresivamente.

Margaret Mead, psicóloga y antropóloga social en este mismo tiempo, causo un impacto cuando regresó de la Isla de Samoa Island con un nuevo enfoque y la solución a la etapa de la crisis de la adolescencia.

Pero la Escuela de Frankfort tenía más potencia para eliminar la solución de la psicóloga Mead. Ellos querían hacer lo contrario, una Crisis de la Adolescencia sin solución, con manifestaciones crónicas y dañina para la familia y la sociedad en general.

Desacato a la autoridad de la familia, la escuela o la sociedad con sus normas establecidas en forma de leyes de obligatorio cumplimiento.

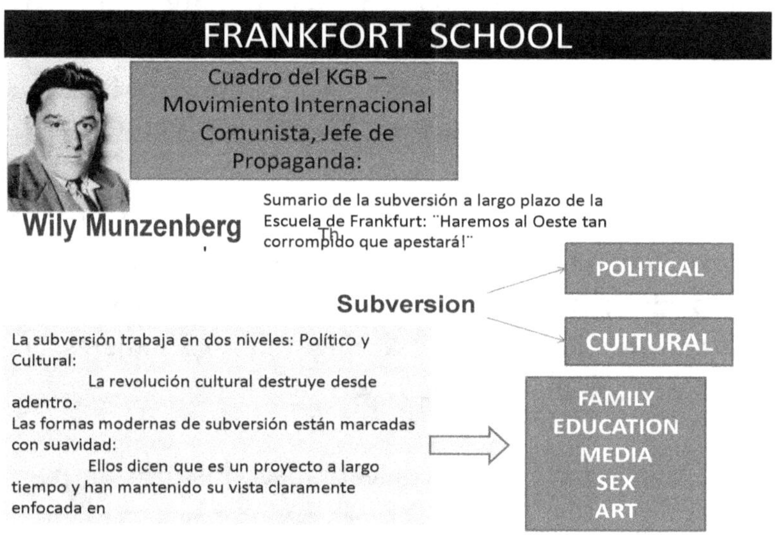

Adolescencia en Samoa

La propuesta de Margare Mead era asignar responsabilidades desde etapas tempranas para que el role de adulto fuera asimilado sin conflictos y de manera natural, La Escuela de Frankfurt, por el contrario obstaculiza el aprendizaje del futuro role de adulto, creando inmadurez y temores a los nuevos roles, normas y estatus al llegar a la adultez. Cuando la crisis de la adolescencia no es resuelta, aparecen conflictos a todos los niveles creando frustración, rechazo y dependencia.

El cambio en la evolución psicológica del individuo introducido por la Escuela de Fráncfort hace desastres en la sociedad americana.

Con esta "aparente" pequeña innovación comenzó el desequilibrio emocional de generaciones completas y el resultado no se hizo esperar, los desadaptados sociales se incrementaron.

Conflictos en todas las esferas de la vida que generan adicciones, suicidio o actividad criminal. La Crisis del Adolescente se ha hecho extensa en el tiempo, por lo tanto, esta inmadurez tiende a ser crónica y cada día se enraíza más profundamente en todas las manifestaciones sociales y culturales.

El grupo de Frankfort refuerza esta crisis mediante la creación de condiciones sociales con los sub - grupos conocidos por "grupos de víctimas", tales como los homosexuales, los negros, los inmigrantes, las mujeres, las personas con discapacidad.

Ellos son los peones de este juego los utilizan para hacer crecer las contradicciones de intereses, siguiendo la línea de "políticamente correcto" y como un mecanismo conocido de identificación automáticamente tratan de ser cada vez más diferentes unos de otros, diferentes para no ser iguales o normales. Una de las denominaciones de George Orwell en su clásico "Rebelión de la Grande", satirizaba con la consigna "Unos somos más iguales que otros" La necesidad de recibir afecto los lleva a conductas extravagantes para llamar la atención, sentirse identificados como diferentes con tatuajes, cabellos largos, barbas, usar la ropa invertida, ropa de invierno en pleno verano, sobre tallas, ropas rotas y manchadas, etc.

El significado del NO,
organizador de la conducta

El significado de la palabra NO, es un proceso de aprendizaje para organizar la Conducta. NO debe ser interiorizado y puede hacer la diferencia entre la vida o la muerte desde la edad más temprana. La función primaria es proteger contra el peligro desconocido, el un límite a la conducta de exploración de todas las especies biológicas. Es un recurso importante para la adaptación dentro del grupo en que se desarrolla.

Durante la etapa lúdica o de juego facilita la interacción con los otros, muy importante porque limita las conductas que van en detrimento de los otros, evitando los conflictos al aplicar los límites de su conducta para no obstruir la libertad de los demás. La a interacción con otros facilita la integración al otro cuando se comprenden las normas establecidas.

Es importante conocer las etapas a través de las cuales nuestro desarrollo psicológico trasciende para obtener mejores resultados, aplicando el conocimiento que han aportado prestigiosos psicólogos y epistemólogos con excelentes contribuciones han sido validadas por la práctica y la lógica, psicólogos como Gordon W. Allport, profesor de Harvard, Jean Piaget y Henry Wallon, franceses, describen el desarrollo de los conceptos morales, su origen y cómo se injertan en la sociedad a su debido tiempo.

Conciencia Moral

La conciencia es un todo, puede ser pasiva o activa, movilizarse o detenerse, también puede ser amplia o estrecha. Constituye indicador perfecto de quiénes somos y hacia dónde vamos. La conciencia moral tiene dos momentos en su formación; el primero es su desarrollo y el segundo, su estructura adulta.

El primero está dirigido a la obediencia, a la obligación de cumplir con las reglas y en la adultez se convierte en un deber, que si no se hace como debe ser es un auto castigo, un sentimiento de culpa y un malestar eterno.

En su primera etapa, el niño a los 18 meses, su psiquismo se ha desarrollado lo suficiente como para codificar y descifrar los sonidos que recibe, que son palabras, de las cuales la común, NO, significa limitar su impulso, y las acciones propias de su necesidad de explorar y conocer el medio como una necesidad cognitiva y biológica para la supervivencia.

El "NO" crea una diferencia en la vida y le permite adaptarse y sobrevivir; se convierte en el significante de No, el principal organizador de su conducta.

Señales alternativas de sí o no, aparecen con el refuerzo en la forma de recompensa o el castigo, asociadas como la imagen de la autoridad. Hacer, o ¡no hacer!

En algunos momentos de la infancia las disyuntivas entre sí o no, resultan complejas para su pensamiento, lo que impide diferenciar los tiempos del pasado, presente y futuro. Vive en el presente con un pequeño repertorio del pasado, pero aún no hay pensamiento que lo pueda llevar al futuro.

Este aprendizaje no es lineal; es como una espiral que a veces asciende y desciende en su desarrollo. Estas normas de comportamiento se cumplen incluso en la ausencia de la autoridad, y los actos son puros si se cumplen o no las circunstancias reales.

El niño adecuado se convierte en un cumplidor de las normas aprendidas, y la violación de las reglas le causa frustración y ansiedad. Para que esto sea efectivo debió de haberse utilizado de manera adecuada y sistemática el factor de la compensación, el premio y el castigo que también va desarrollando un concepto de auto estima, donde influye, además, el factor de la compensación.

Cuando el niño llega a la adolescencia, considera que muchas de esas reglas no son razonables y se lanza a los ensayos de independencia rompiendo normas establecidas que no se ajustan a sus conductas primarias.

A la edad de dieciséis años, experimenta nuevas normas de conducta como ensayo y error, buscando justificaciones para su nuevo razonamiento que trae consigo la evolución del pensamiento analítico, percibiendo las ventajas o desventajas de las comparaciones en presente, pasado y futuro.

Gradualmente toma conciencia de cumplir el deber para evadir el castigo. En la madurez, desaparece el miedo al castigo y lo sustituye, la voz de la consciencia interna con un mandamiento organizador "tengo que hacerlo".

La conciencia moral madura nos facilita con el devenir hacia un concepto aceptable de sí mismo, porque las "decisiones correctas" nos alejan de los conflictos con otros y podemos alcanzar nuestra objetivos o metas.

La evolución de la conciencia de manera adecuada es muy sutil, pero, muy potente y como hemos visto, se fundamenta en el aprendizaje de la señal NO, pero, como podemos ver la Escuela de Frankfort rompió este proceso deliberadamente para crear muchas dificultades en la sociedad. Paso a paso fue cambiado el sistema educativo de la nación por la fuerza de los liberales evolucionando las legislaciones en todos los niveles.

El resultado es que cada vez más las nuevas generaciones respetan menos las reglas y tradiciones del hogar, la escuela, y la sociedad.

Hay una alta probabilidad de que este tipo de persona se incorporen voluntariamente en grupos emergentes de personas inadaptados, en hospitales psiquiátrico, cárceles o cementerios como suicidas o victimas de otros.

Este importante estadio del aprendizaje social requiere enmiendas inmediatas para frenar el aumento de todos los efectos negativos que produce. Aumento de la población penal, suicidios, bajo rendimiento académico, consumo de drogas, alcohol, juegos, prostitución, homosexualidad, etc.

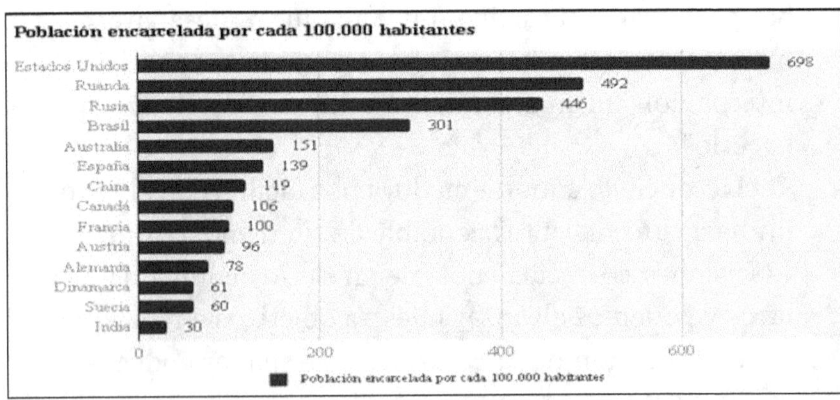

Un ingrediente importante y sustancioso de la receta de la Escuela de Frankfurt es el Sexo, esta satisfacción individual es portadora de la energía instintiva y primaria de cada ser viviente.

Niños y Jóvenes Muertos por Suicidios en Estados Unidos:
-El número de jóvenes suicidas aumenta significativamente y después del año 2010, se eleva aún más:
-Niños y adolescentes con edades entre los 10 a 24 años, aumentaron la tasa de suicidios cometen suicido en un 13% más después del 2010
-5,504 casos de suicidios de niños y adolescentes en el año 2014

El efecto de las Drogas, que los liberales quieren Legalizar para crear más problemas;

La mayoría de las personas consumen drogas por primera vez en la adolescencia. En el 2011, hubo un poco más de 3 millones de usuarios nuevos de drogas ilícitas (que consumieron la droga por primera vez), o unos 8,400 usuarios nuevos por día. La mitad (el 51 por ciento) de éstos eran menores de 18 años de edad.
https://www.drugabuse.gov/es/publicaciones/drugfacts/

Zigmund Freud y el Pansexualismo

La idea de Freud sobre el "pan sexualismo", quizás no la descubre, sino que la rescate y la pasa a un primer plano, "el sexo está en cualquier lugar, a tu alrededor y dentro de ti... así es que busca tu placer", borrar las diferencias entre los géneros, minar las relaciones tradicionales entre hombres y mujeres para hacer una familia, son objetivos que se alcanzan a través de promover el sexo libre que quiere decir sin responsabilidad.

- Atacar la autoridad del padre, negar el papel específico de padre y madre, y arrebatar a los padres de familia sus derechos como primeros educadores e identificadores de los roles de sus hijos.
- Eliminar la diferencia en la educación de niños y niñas
- Una forma agresiva de dominación femenina – la promoción de lesbianas con ademanes y ropas masculinas, mujeres en las fuerzas armadas en tareas combativas de primera línea que crean más problemas que soluciones.
- Promover a la mujer como una clase social 'oprimida' y a los hombres como "opresores. ' Esta es la razón de la existencia de las organizaciones feministas.

El jefe de propaganda de la Internacional Socialista Willy Munzenberg , resumió así la operación a largo plazo de la Escuela de Frankfurt: "Haremos que Occidente sea tan corrupto que apeste".

La Escuela describe dos tipos de revolución o subversión: (a) política y (b) cultural. La revolución cultural derrumba desde adentro. 'Las formas modernas de subversión están marcadas por la suavidad y lo sutil de sus logros'. Ellos prepararon un proyecto a largo plazo y focalizaron sus objetivos en destruir la familia, la educación, los medios de comunicación social, el sexo y la cultura popular.

El Sistema escolar está cosechando su siembra:

Asalto a las aulas

La información que emerge después de los hechos muestra los problemas que conducen a que los asaltos a la aulas es una consecuencia del mal funcionamiento sistemático y mantenido del sistema escolar de nuestro país. Aparecen informaciones de 18 informes al FBI sobre la peligrosidad de las intenciones de Nichols Cruz. Pero aun es más fuerte la ola de sabotajes pasivos del gobierno federal y los locales contra el Poder Ejecutivo. Ellos están en una huelga de brazos caídos, ojos y oídos cerrados para crear todos los problemas que puedan. Los funcionarios que Obama nombro en esas posiciones en los últimos 8 años son la réplica en los niveles inferiores.

Las Armas no tienen autonomía, son utilizadas por un ser humano que tiene una conciencia y una voluntad, y este ser humano es el que debemos de hacer mejor, sino los crímenes, suicidios, adiciones a drogas y alcohol, pansexualismo as matanzas, losas y otras que sucederán en el futuro. Los análisis superficiales y tendenciosos de los liberales buscan la justificación para implantar con más facilidad las normas totalitarias que ellos tienen calculado imponer.

Muchos de los activistas anti armas no saben ni cuál es el verdadero propósito de eliminar las armas como repiten su líder y el espanto contra las armas coloreado con el rechazo a la violencia y amor a la vida.

Las evidencias públicas de los hechos, los informes del FBI, hacen muy detallada la imagen de los avances del plan subversivo sustentado por las legislaciones a todos los niveles son los generadores de individuos que repetirán estos sucesos cada vez con más frecuencia.

La ruptura de la familia, un sistema escolar desastroso en cuanto a contenido y objetivos, las desviaciones sexuales, las drogas, el juego, la prostitución, la propuesta constante de los medios de comunicación y los líderes políticos liberales es la verdadera causa de la pandemia estadounidense radica en la desviación sexual, la corrección política y la falsa ciencia.

La posesión de armas en lugar de ser un factor contribuyente, en realidad ofrece uno de los dos elementos necesarios para poner fin a la tendencia explosiva. Según los propios datos del FBI, la CNN y los propios informes del Washington Post, las armas de fuego son un "factor cero" en la epidemia de tiroteos escolares que ahora envuelve a los Estados Unidos y causa controversia desde Hollywood hasta Washington, DC.

Sexo, mentiras y el tiroteo de Parkland: FBI y fallas policiales

El FBI que capturo derrotó a la KGB durante la Guerra Fría y diezmó a la Mafia desde la ciudad de Nueva York a Los Ángeles no sepa de los vínculos de la Policía con los musulmanes radicales, tampoco exista un sistema sensible y abierto a recibir informaciones y operar con energía, justicia y prontitud.

Seremos testigos y victimas de muchos Nicholas Cruz, es una víctima del propio sistema de educación y la revolución cultural de los liberales. Marjory Stoneman Douglas High School? Todo emerge de la jefa,

"Capitano" Jordan no dio orden de penetrar en el recinto?

Jefa de la Policía de una ciudad muy especial, muy especial donde la bandera del Arco Iris esta en cada esquina, en casa.

Toda la culpa no está en el tirador escolar asesino.

¿Qué hizo el FBI?

Los compañeros de clase secundaria del tirador nocturno Omar Mateen, el guardia de seguridad de G4S, los aprendices de una academia de policía (donde se llamó a la policía para que lo escolten desde la instalación) y los empleados de las armerías llegan a la conclusión de que es un terrorista. El FBI inexplicablemente investiga en dos ocasiones a Omar Mateen por terrorismo y lo absuelve. Omar Mateen mata a 49 personas y hiere a 50 en junio de 2016. El FBI tenía órdenes de no perseguir los musulmanes por la administración Obama.

El FSB (el nuevo KGB de Rusia) advierte al FBI de que Dzhokhar y Tamerlan Tsarnaev son terroristas a su regreso a Boston tras una estancia prolongada en la región del Cáucaso, en el semillero del terror. El FBI no toma medidas. Dzhokhar y Tamerlan Tsarnaev matan a tres personas y hieren a 264 personas en abril de 2013. En esta época el FBI tenía órdenes de no perseguir a los musulmanes.

Los oficiales de Fort Hood advierten al FBI que su compañero oficial mayor Nadal Hasan es un terrorista a sangre fría. Aunque el FBI recibe correos electrónicos entre el comandante Nadal Hasan y el jefe de Al Qaeda, Anwar al-Awlaki, afirmando que quiere cometer actos de violencia contra Estados Unidos, el FBI no toma medidas. El mayor Nadal Hasan mata a 14 personas y hiere a 31 personas en noviembre de 2009.

El tiroteo en Las Vegas en octubre de 2017, la policía no fue suficiente fuerza para neutralizar al tirador, hasta que aparecieron las unidades SWAT. El guardia de seguridad que se encontró por primera vez con el tirador de Las Vegas estaba desarmado. Toda la evidencia muestra que, si hubiera estado armado, el tirador nunca habría podido dispararle a la multitud de abajo.

La seguridad pública pasa a segundo plano a la política

En Florida, el FBI insistió en que una mujer fue arrestada y acusada en un tiroteo en masa, a pesar de que ella no estaba en el sitio cuando ocurrió el tiroteo.

Esa mujer es la esposa del tirador nocturno de Pulse, Omar Mateen. Noor Salman está actualmente en juicio en Orlando, donde enfrenta una sentencia de cadena perpetua por decirle al FBI y James Comey la misma historia que el FBI y James Comey nos dijeron. Noor Salman declara que no tenía idea de que su marido era un tirador en masa, tal como nos lo dijo el FBI en el caso de Omar Mateen, y de los numerosos casos desde Boston hasta Parkland. ¡Ordenes son ordenes!

El FBI cumplió su misión en otros momentos, precisamos de otro FBI con una Contra Inteligencia más poderosa que nuestros enemigos. Enfrentamos un FBI que lleva muchos años bajo la dirección de personas como

Robert Mueller y James Comey y este es el resultado no puede ser otro. Cuando hay una cadena de errores a favor del enemigo, solo hay que pensar que fue la mano del enemigo quien lo hizo.

Capítulo 4

"Creación del delito de racismo"

LA RAZA COMO UNA OFENSA

Resultando en un injusto privilegio, invierte la direccion del racismo y apoya la conducta anti social

Convertir el racismo en un fantasma que puedes ver y usar en cualquier lugar y tiempo. Si alguien incumple con su trabajo, recargando el tuyo, si es de una minoría racial; te inhibe del derecho de expresar tu desacuerdo o el daño causado por su conducta, si actúas entonces te acusan de racista. Todo se enfoca en la raza de la persona incumplidora no en su conducta, no importa su transgresión, ahora el tiene el privilegio de la razón perpetua por su color.

Si usted no presenta preferencia por las personas de raza negra, es un racista. Si no te gusta que tu hija tenga relaciones con un cierto individuo por su personalidad y además es negro, eres racista.

Los estudios sobre los prejuicios sociales se utilizaron para neutralizar los conceptos conservadores, a lo que ellos llamaron romper los prejuicios, se fundamento con la teoría de la distancia social de Bogardus, que apareció en la década de 1940 entre los psicólogos sociales miembros de la Escuela de Frankfort.

La distancia social es una medida de la separación entre grupos causada por diferencias imaginadas o reales entre grupos de personas según lo definido por categorías. Incluida la clase, la raza y la etnia, la cultura, la nacionalidad, la religión, el género y la sexualidad, la edad, entre otros. Los sociólogos reconocen tres tipos clave de distancia social: afectivo, normativo e interactivo.

Los métodos de investigación incluyen etnografía y observación participante, encuestas, entrevistas y mapeo diario de rutas, entre otras técnicas.

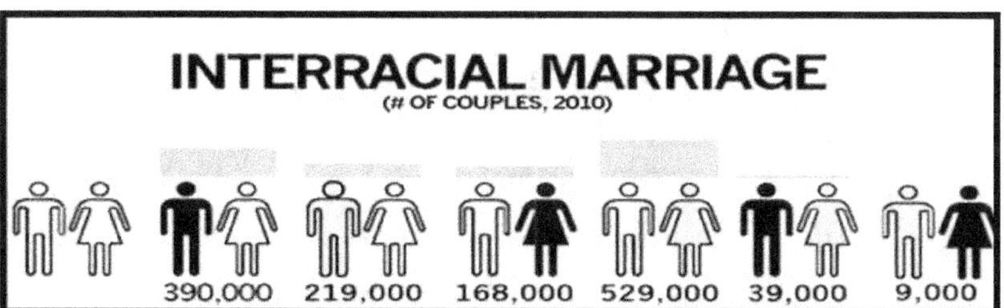

Los matrimonios interraciales demuestran que los prejuicios raciales no parecen ser significativos, de cada 10 matrimonios en Estados Unidos 4 son interraciales desde el 2015. Seguir creando una barrera entre las razas es parte de la tarea de la subversión marxista.

Distancia Social Afectiva

La Distancia Social Afectiva es probablemente el tipo de concepto y escala de medición subjetiva más ampliamente utilizada y la que es la causa cierta preocupación entre psicólogo sociales y sociólogos. Escala de Distancia Social para mide la actitud hacia personas de condiciones diferentes.

Esta escala de medición se refiere al grado en que una persona de un grupo siente simpatía o rechazo por personas de pertenecer grupos.

La escala de medición creada por Bogardus mide esto al establecer la disposición de una persona para interactuar con personas de otros grupos. Por ejemplo, la falta de voluntad de vivir al lado de una familia de una raza diferente indicaría un alto grado de distancia social.

Por otro lado, la voluntad de casarse con una persona de una raza diferente indicaría un grado muy bajo de distancia social.

La distancia social afectiva es motivo de preocupación entre los algunos psicólogos porque se cree que fomenta los prejuicios, los prejuicios, el odio e incluso la violencia, pero el tiempo ha demostrado que esto crea un equilibrio, una relación estandarizada y no crea conflictos. Si esta distancia social la extrapolamos en interés políticos o secundarios si nos lleva a una confrontación, pero dos razas no tienen motivos de confrontación si ambas cumplen las normas de respeto mutuo. La contradicción de las llamadas clases sociales de los marxistas, si nos lleva a fuertes confrontaciones y es la base de la subversión marxista a todos los niveles cultural y político.

Distancia Social Normativa

La distancia social normativa es el tipo de diferencia que percibimos entre nosotros como miembros de grupos y otros que no son miembros de los mismos grupos. Es la distinción que hacemos entre "nosotros" y "ellos", o entre "de dentro" y "de afuera". La distancia social normativa no es necesariamente crítica por naturaleza. Más bien, puede simplemente indicar que una persona reconoce las diferencias entre él / ella y otros cuya raza, clase, género, sexualidad, nacionalidad o pueden diferir de él / ella misma.

El psicólogo considera esta forma de la distancia social a ser importante porque es necesario primero en reconocer la diferencia a continuación, ver y entender cómo la diferencia s dar forma a las experiencias y trayectorias de vida de aquellos que difieren de nosotros mismos. Siempre ha existido la regla quien no cumple las normas de comportamiento sea castigado por incumplir la norma del grupo, sea ley escrita o no. La coherencia y la cohesión del grupo depende de la aplicación de recompensa y castigo cuando hay incumplimiento de la norma, por tanto, el castigo con rechazo o la aceptación no es necesariamente factor de beligerancia, es factor de unión y respeto por los demás, que bien puede ser sinónimo de Paz y Amor.

Distancia Social Interactiva

La distancia social interactiva es una forma de describir el grado en que diferentes grupos de personas interactúan entre sí, con respecto tanto a la frecuencia como a la intensidad de la interacción. Según esta medida, mientras más grupos diferentes interactúan, más cerca están de lo social.

Mientras menos interactúen, mayor será la distancia social interactiva entre ellos. Los sociólogos que operan con la teoría de redes sociales prestan atención a la distancia social interactiva y la miden como la fuerza de los vínculos sociales.

Los sociólogos reconocen que estos tres tipos de distancia s social no son mutuamente excluyentes y no necesariamente se superponen. Los grupos de personas pueden ser cercanos en un sentido, por ejemplo, en términos de distancia social interactiva, pero muy lejos en otro, como en la distancia social afectiva. Actualizado por Nicki Lisa Cole, Ph.D.

Escala de distancia social Bogardus

La escala pregunta a las personas en qué medida estarían aceptando cada grupo (se toma una puntuación de 1,00 para un grupo para indicar que no hay distancia social):

- Como parientes cercanos por matrimonio (es decir, como el cónyuge legal de un pariente cercano) (puntaje 1.00)

- Como mis amigos personales cercanos (2.00)
- Como vecinos en la misma calle (3.00)
- Como compañeros de trabajo en la misma ocupación (4.00)
- Como ciudadanos en mi país (5.00)
- Como visitantes no ciudadanos en mi país (6.00)
- Excluiría la entrada a mi país (7.00)

La aplicación de esta encuesta desde los años 30 hasta el 2005 apunta a que la distancia social ha disminuido entre las poblaciones negras y blancas en los Estados Unidos.

Antes y después de la Ley de Derechos Civiles firmada por el presidente Lyndon Johnson, la Agenda del Partido Comunista había estado creando y reviviendo todo tipo de conflictos entre negros y blancos. Muchos eventos con diferentes tonos ha ve ha aumentado en el día a día o las noticias en nuestra radio, televisión y prensa.

Los eventos para destacar el racismo siguen un esquema, que se repite, generalmente un periodista blanco nos narra el suceso asumiendo que el 'agresor o ejecutor del delito que sea es la víctima del mal trato policiaco o del orden social, para desmoralizar, disminuir la razón de la aplicación de la norma jurídica y viene como refuerzo el principio que todo lo justifica, 'políticamente correcto' la luz verde permanente al paso de todos los principios marxistas y liberales que nos destruyen.

Esta secuencia es utilizada diariamente, sedimenta la separación y nos aleja de resolver el problema con el amor y la justicia que cada parte merece.

Capítulo 5

"Continuar el cambio para crear confusión"

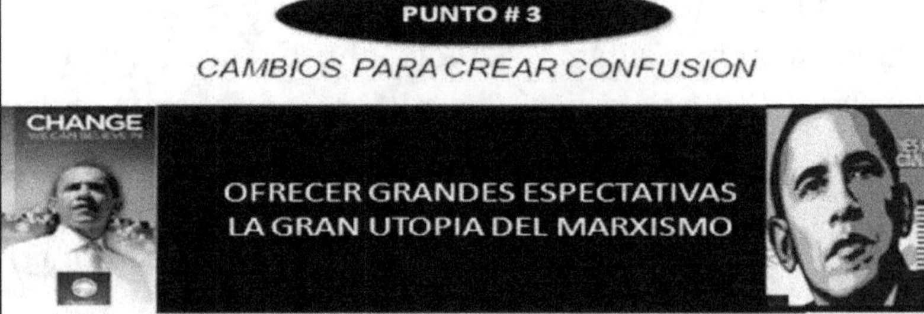

"Uno no establece una dictadura para salvaguardar una revolución; uno hace una revolución para establecer una dictadura"

George Orwell

Lemas de la campaña presidencial de Barack Obama.

Año	Candidato	CONSIGNA
2008	Barack Obama	Cambiar Podemos
2008	Barack Obama	Cambio que necesitamos
2008	Barack Obama	Esperanza
2008	Barack Obama	¡Sí podemos!

El presidente de los Estados Barack Hussein Obama, seleccionó como mensajes prioritarios en su campaña política; "The Change", es una vieja táctica de los comunistas crear expectativa con el cambio para capturar el apoyo de muchas personas que piensan poco. La esperanza de mejorar, esto es parte del Ser Humano establecido desde la misma supervivencia.

La esperanza es universal, proyecta diferentes connotaciones en cada personalidad, en cada cultura, crea la expectativa de superación y que te prepara para qué con cada amanecer adquieras las energías necesarias para que a través del trabajo creador adquieras lo que necesites.

El marxismo entierra la esperanza y ofrece con facilidad lo que otros tienen y para muchos parece la solución ideal a sus necesidades o a su falta de iniciativa para resolverlas. La propiedad del vecino siempre es apetitosa. La práctica social ha demostrado que la aparatosa Revolución es el primer paso para dictadura eterna capaz de erradicar hasta las virtudes humanas más elementales.

La práctica social y la historia demuestran que las revoluciones se han hecho para instaurar una dictadura perpetua.

Un "detonador social" artificialmente creado como muchos que aparecen sin explicación durante su los 'periodos revolucionarios' mandato pondría en práctica esta orden ejecutiva. Este paso está perfectamente descrito también en los pasos de la subversión política al crear crisis artificiales de escases de productos y servicios básicos para la supervivencia de la sociedad. Esta crisis genera la desestabilización como describe esta orden ejecutiva 13, 603.

El periódico Washington Times alertó sobre el asunto.

"La Orden Ejecutiva 13603 (Preparación de los Recursos para la Defensa Nacional) establece que, en caso de guerra o emergencia nacional, el gobierno federal tiene la autoridad para ocupar todos los aspectos y recursos de la sociedad estadounidense. Comida, reses y otros animales, equipos agrícolas, equipos de manufactura, industrias, energía, trasportes, hospitales, establecimientos médicos y de salud, recursos hidráulicos, medios de defensa, equipos de construcción, todo lo cual estará bajo el control del presidente Obama. La Orden da poderes al presidente para utilizar y distribuir estos recursos en la forma que considere necesaria durante la crisis nacional."

https://en.wikipedia.org/wiki/Executive_Order_13603

La preparación de una sociedad para resolver sus necesidades materiales y espirituales descansa en la educación y el amor al trabajo, único creador de las fuentes de riqueza.

El trabajo lleva una organización y una inversión para que la producción de bienes genere riquezas y estos bienes materiales se reparten socialmente de acuerdo con el aporte y la participación de cada individuo en el proceso productivo y mercantil.

Las promesas de solución solo con 'cambios de mano' generan un caos social que necesita de una forma de gobierno represivo para mantener la estabilidad y retener el poder, convirtiéndose en una dictadura eterna, entonces hacen crecer los escases y el caos para mantener el dominio total del individuo ya desposeído y dependiente.

La Biblia nos ensena que la mejor forma de ayudar a Juan es ensenarlo a pescar, entonces Juan no necesitara que le regalen un pescado.

Los políticos que ofrecen soluciones mágicas siempre traen malas intenciones para que Juan no aprenda a pescar....

Capítulo 6

Punto cuatro
"La enseñanza del sexo y la
homosexualidad a los niños"

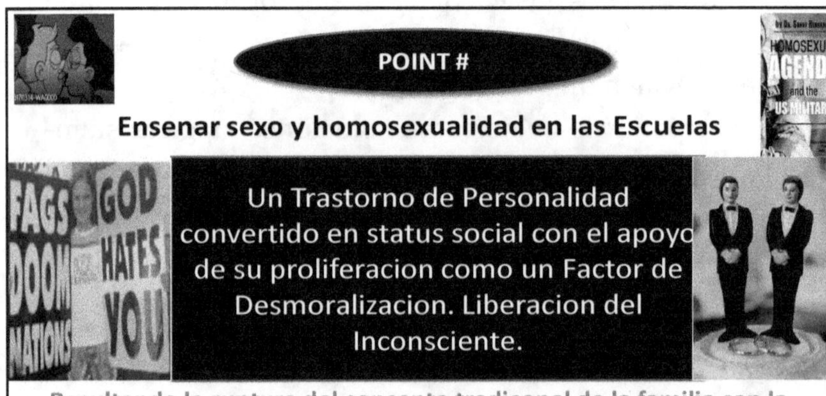

Nota.- Este capítulo y otros no están dirigido contra las personas que sufren de disforia con su sexo o utilizan su imaginación para dejar de ser lo que su ADN claramente tiene editado, a ellos los consideramos enfermos necesitadas de

tratamiento, llamamos la atención para detener a quienes impulsan esta campana destructiva. Estas informaciones van dirigidas a que la población conozca este factor como parte integral del Plan Subversivo creado e impulsado por los enemigos de Estados Unidos desde hace más hace de 70 años por un grupo de psicólogos comunistas a solicitud de la URSS.
Condicionar los cambios de género en contra de la voluntad de los padres, y mucho más están haciendo las Juntas Escolares en todos los Condados y otras muchas instancias de nuestro país con el visto bueno de los Tres Poderes y con mucho entusiasmo de parte del Cuarto Poder, la Prensa.

Existe en el Plan Subversivo el método de eliminar las formas clásicas de la educación desde los mismos comienzos de la vida en el marco familiar para dificultar la identificación sexual. El interés económico ha introducido métodos hormonales y cirugía para tratar de eliminar la disforia contra el sexo original antes de los 18 años, sin prever que el 41% de ellos después toman la vía del suicidio.

La vida de todos los que sufren disforia por su sexo tienen un factor común: la ausencia real o afectiva del modelo psicológico del rol de género para imitar e interiorizar. Otros la ausencia de afecto o el abuso sexual recibido de algún miembro de la familia o de su grupo social ha sido la causa del rechazo a su sexo. Si el origen y la disforia sexual son psicológica; ¿por qué entonces introducir métodos biológicos para mitigarlo? Sería útil compararlo con alguien con pánico a los cocodrilos, pues extirparle ambos ojos para que no vea los cocodrilos. Pero no ver los cocodrilos no borran su traumático recuerdo. Los conflictos psicológicos en un individuo que toma la decisión de cortarse el pene o los senos no desaparecerán con la operación, ni mucho menos con que a una mujer le salga bigote y barba será un hombre.

A nivel social cada vez hay más complejidades con este fenómeno artificial creado e impulsado y coincide plenamente con los objetivos originales, tanto del Plan de la Escuela de Fráncfort como del Partido Comunista, destruir los Estados Unidos.

El reconocimiento del matrimonio homosexual es una atrocidad jurídica, aberrante porque crean más problemas que soluciones. Las Leyes no pueden ser complacientes, deben ser lógico y racionales. Respetar los derechos de todos los implicados. Donde empieza el derecho ajeno, termina el nuestro, teniendo en cuenta los intereses de la nación como un todo.

Si la voluntad de un individuo está en función de una fantasía sexual por auto denominación con el género opuesto y además se le facilita un estatus social y jurídico, le abrimos las puertas la posibilidad de crear una familia ficticia y anormal, que no puede ser, en primera instancia porque una familia está formada por padres e hijos en todas las especies y estos amantes de las fantasías no presentan los requerimientos biológicos y psicológicos para tener hijos naturales, por lo tanto, hasta ahora los Jueces no tienen la virtud de la Magia de hacer un padre y una madre a dos hombres o a dos mujeres.

La importancia de conformar una familia, sin tener en cuenta la naturaleza y la jurisprudencia es un grave error, que debe ser rápidamente corregido.

El trastorno psicológico y psiquiátrico que estos individuos portan con orgullo, sencillamente no les permite tener una relación sana con un "niño adoptado", este niño no es una mascota, no es un juguete, es un ser humano al que le están usurpando su derecho a ser un ser humano normal, que de hecho, es portador del trauma por la ausencia de sus padres legítimos y biológicos, necesita de la protección de la sociedad y no debemos renunciar a protegerlos a pesar de la confabulación política que la obstruye.

Cuando se le otorga el derecho de adopción a una pareja, ya de hecho disfuncional por su antojo e imaginación del placer, estamos cometiendo un crimen contra una criatura desprotegida para aun castigarla al introducirla en la vida de una pareja disfuncional, estamos ante una nueva escalada de aberración con garantía jurídica.

Entramos en otro ciclo de problemas y una actitud indolente contra la criatura adoptada, que no renunciamos al deber de defender.

Nunca ha existido el debate público para informar a la población, porque no ha sido interés de los medios de difusión, divulgar los argumentos en favor o en contra para crear conciencia de la importancia trascendental del tema.

En primer lugar, todos debíamos saber que es parte de un plan del enemigo para debilitarnos de muchas formas. Las consecuencias de la proliferación de la disforia sexual en la infancia, el cambio de género, el matrimonio de homosexuales, la adopción y otros renglones que el derecho civil otorga a una pareja ficticia, los que controlan los grandes medios se encargan de que no llegue a la masa poblacional.

El decrecimiento de la población se facilita con los abortos y la tendencia de crecimiento de las parejas homosexuales. Sin embargo, otros aspectos negativos como la alta tasa de suicidios, consumo de drogas, crímenes y población penal son consecuencias directas asociadas a este factor.

Además de los altísimos costos en tratamientos quirúrgicos y medicamentos sin resultados positivos. Por razones desconocidas y ajenas a la ciencia, la Asociación de Psicólogos Americanos, en vez de buscar solución a los múltiples factores psicosociales creados para hacer gigante la ola de desastres, ellos apoyan el activismo a favor de los homosexuales. Los psiquiatras, psicólogos clínicos y sociales deben ser la tropa de choque para resolver este gran problema que enfrentamos.

Todos los puntos del Plan de Subversivo de la Escuela de Fráncfort y las 45 metas del Partido Comunista de Estados Unidos orientados también por Moscú han sido cumplidos exitosamente. Gracias a nuestros Congresistas, Senadores, y Jueces encargados "voluntariamente" de materializar las metas del enemigo, aun parecen seguir ciegos y sordos a la realidad que enfrentamos.

Científicamente, la disforia sexual, antiguamente era conocido como deficiente identificación sexual, su origen siempre se supo era el resultado de la ausencia de un canal afectivo y emocional entre padres e hijos, sea padre o madre deben transmitir y fertilizar con la atención y el amor la implantación del role masculino o femenino del hijo/hija antes de los tres años. El género biológico es una característica física inmutable. Nunca un macho podrá ser gestado, una hembra jamás producirá espermatozoides.

El desarrollo natural de la identificación sexual con su sexo biológico, es un proceso natural y puramente psicológico, que llega a través del aprendizaje por imitación, siendo este el más simple y a su vez el más importante mecanismo de aprendizaje, de todas las especies del reino animal y alcanza el 80% de nuestro saber".

Estos mecanismos psicológicos fueron conocidos por quienes planearon incrementar la disforia sexual, porque ellos hacen justamente lo opuesto, tratan de pasar el vínculo padre hijo a la escuela, a la internet, a la TV, etc. eliminando de este canal de comunicación a la figuras paternas y maternas. Este fenómeno bizarro ha sido uno de tantos planeado y creado por nuestro enemigo... para destruirnos. Se ha demostrado que esto no ha sido un fenómeno espontáneo del desarrollo psico-social, a los defectos de la sociedad burguesa o capitalista como los marxistas y liberales quieren hacernos creer.

Como prueba de que este fenómeno se introdujo con certeza está en un Manual de Guerra Psicológica de la KGB, aquí están las instrucciones para dar fuerza a la imagen social de los homosexuales.

Algunas escuelas en la costa oeste están utilizando una nueva regla con la ropa: un día a los estudiantes viene con ropa masculina, el día alternativo, los estudiantes varones llegaron con la ropa de las hembras y un peinado de corte femenino.

¿Cuál es el objetivo de esta regla?

Para destruir, crea una confusión con la identificación sexual individual. Los estudiantes están aprendiendo que la diferenciación de género no es importante, puedes "ubicarse y actuar" con cualquier sexo, solo necesitan imaginación.

¿Para qué, los homosexuales necesitan ser remarcados? ¿Qué daños pueden hacer?

El fenómeno de la "proliferación masiva de la homosexualidad" de la población tiene muchas ventajas para los enemigos de los Estados Unidos. Moralmente, uno de estos propósitos u objetivos es alcanzar un nivel indiferenciado sobre el sexo, porque, en la primera edad de la vida, el sexo tiene diferentes necesidades para ser expuesto, porque los niños y niñas pueden confundirse por sus roles y reglas.

Antes de la llegada del Grupo Frankfort a los Estados Unidos, las aulas de las escuelas estaban separadas, entre niños y niñas.

Asignaturas especiales fueron para varones mientras que otras fueron para hembras congruentes con el contenido y el rol de hembras y varones en su próxima etapa, lo cual reforzaba desde las primeras etapas a reforzar la identidad del sexo de cada uno a través del ejercicio y papel en cada grupo, así como otras características de la comunicación entre los sexos. El nivel de respeto, caballerosidad y tratamiento diferencial que debe establecer diferentes patrones de comportamiento dentro del establecimiento de las relaciones entre hembras y varones. Estos factores eran parte de la base de los valores éticos que el macho ha desarrollado para la hembra, el contrario, la hembra para el varón. Ejemplos de la forma de encuentro social de las parejas cuando bailan, históricamente el hombre y la mujer cada uno tenía un role bien especifico, actualmente se introduce a la mujer bailando con otra en francos movimientos de excitación sexual.

Cuando no hay diferencia de roles, la igualdad es generalizada, lo que es absolutamente falso, porque la naturaleza, la biología y la expresión psicológica de cada sexo son completamente diferentes y se pueden diferenciar en cualquier nivel para comparar, pero esto no es solo para la especie humana, todas las especies tienen diferencias biológicas, comportamientos, necesidades, fuerza muscular, pelaje, tamaño, etc. Absolutamente diferenciadas.

Otro de los productos que este plan de subversión es crear divergencias y conflictos en la familia, el matrimonio, la relación entre padres e hijos, etc.

Sin embargo, a nivel social, progresivamente se ha delineado perfectamente ya que este fenómeno de las parejas homosexuales necesita lograr el reconocimiento legal, el primero matrimonio... y luego ajustar todos los derechos civiles que esta unión legal representa en particular en relación con los beneficios y la herencia. Por otro lado, estas parejas, de forma irreal y solo sustentado por una imaginación, quieren extender la fantasía sexual a una procreación imposible, entonces buscan en la adopción de inocentes la realización de otra fantasía, pero ahora jugando con un ser humano indefenso, al que someten a un ambiente psicológico de disforia de géneros y fantasías aberrantes. Estos niños se convierten en objetos o esclavos sexuales de los supuestos tutores o protectores.

Ha habido muchas, como hemos visto, tácticas utilizadas por el enemigo para hacer de la aberración sexual una epidemia, una de estas tácticas, además de las señaladas anteriormente, a saber, el refuerzo del papel de víctima: Método de creación de la homosexualidad a nivel social utilizado por la KGB, tomado de un Manual de Guerra Psicológica de la KGB.

> *"El primer paso es adormecer y normalizarlo (hacerlo cotidiano). El segundo, es insistir en que los homosexuales son víctimas. "*

"Creemos que lo primero es para acostumbrar y hacerlos parte de lo cotidiano.

Cada día se vuelve más normal y aceptable en la proporción que el estímulo se hace más repetido.

Las víctimas siempre tienen la consideración y el respeto; ¡entonces buscan la fuerza para ocupar el rol de víctimas ilegítimamente y obtener la consideración y el respeto!!!

La manera de adormecer la sensibilidad espontánea a la homosexualidad es que muchas personas hablan mucho sobre el tema en términos de aceptación o al menos neutrales. Esa actitud sobre el tema da la impresión de que la opinión pública, al menos, es neutral, lo que, en términos de guerra psicológica, ya está ganado para el bando contrario. Poco se ha visto debatir públicamente entre defensores y detractores que podrían haber servido para levantar opiniones adversas y consistentes acerca de las consecuencias de impulsar la homosexualidad.

El método más utilizado es que en los medios, sea show o películas un homosexual aparece en una escena, él es un «homosexual respetable" y el ejemplo para imitar para y dejar en el espectador una imagen asimilable. Pero lo principal es crear la monotonía de las imágenes hasta que el estímulo no produzca un actitud negativa o rechazo, como muchos dicen, "lo que abunda no daña".

El estrato social creado artificialmente se mezcla con otros; los marxistas lo llaman factores sociales antagónicos, que los fuerzan políticamente a reforzar estos intereses individuales en conflicto para crear la así llamada "lucha de clases".

Estos factores se mezclan con gran fuerza para crear estratos poblacionales antagónicos, se hace valido el adagio cartaginés "Divide y Vencerás", los estudiantes contra los maestros, los trabajadores contra los propietarios, padres contra hijos, esposas contra maridos, a la larga, todos los días una batalla campal. Nos acercamos a una crisis que provocara cambios repentinos en los grupos de poder y la estructuración de estos.

Hacer al hombre cada vez más aislado, porque quien sufre este impacto directamente es la familia y los grupos de pertenencia, que se vuelven cada vez más difíciles de acceder y mantener su cohesión para sobrevivir gracias a su funcionalidad.

El resultado de este fenómeno es la pérdida del valor emocional y afectivo de las relaciones humanas y espirituales inherentes y desarrolladas por el hombre como mecanismo de integración al desarrollo social y cultural.

Difundir la homosexualidad es la tarea prioritaria en la agenda de la izquierda. Hollywood y Disney, industrias entretenimiento infantil están enfrascadas en impulsar el brote epidémico de la homosexualidad y cuenta con aliados. Es increíble que los psicólogos sean capaces de impulsar esta pandemia.

Asociación Americana de Psicología (APA) abogando por Derechos para las personas homosexuales.
APA carta al Secretario de Defensa Robert Gates, sobre el apoyo a los cambios sobre el estatus para los homosexuales dentro de las Fuerzas Armadas.

Padres religiosos pierden la custodia de la hija, una ADO-LESCENTE TRANSGENERO por rechazar tratamiento hormonal

Los padres religiosos pierden la custodia de la hija ado-

lescente transgénero por rechazar tratamiento hormonal, por Bradford Richardson - The Washington Times - martes, 20 de febrero de 2018 el Condado de Hamilton, Ohio, juez tomó la custodia de una adolescente transgénero el viernes porque se negaron a permitir a su hija de 17 años de edad, a someterse a tratamientos hormonales como parte de una transición de mujer a hombre. Juez Sylvia Sieve Hendon concedido custodia del adolescente a sus abuelos, quienes pueden tomar decisiones médicas para el menor y cambiar legalmente su nombre The Washington Times.

El Sexo: Factor Bio-Psicológico-Social

Gordon W. Allport, uno de los psicólogos contemporáneos más brillantes, en su libro 'Configuración y desarrollo de la personalidad' nos explica... 'El instinto sexual en todas las especies biológicas es un ímpetu primario para asegurar la preservación de la especie, con la exclusión de humanos y delfines, la actividad sexual no es solo un mecanismo de reproducción, sino que es una gran complejidad de variables externas e internas del individuo".

Entre las variables externas están todos los factores fuera del cuerpo y la mente, pero determina, facilita o inhibe el instinto sexual y el consentimiento de la pareja (entorno físico, religión, estado social, etc.) los factores internos contienen impulsos sexuales, esto conlleva una porción de fuerzas puramente biológicas como hormonas, neurotransmisores, estados psicodinámicos, psique, tóxico, etc., pero actúan en conjunción con otros mecanismos y carácter puramente psicológico, que con llevan el carácter histórico y social de cada persona (positiva o negativa) y proyecto en la selección del compañero y las peculiaridades del acto sexual sí mismo.

Si resumimos la idea, podemos concluir que el sexo no es más que la proyección de un evento íntimo de las personalidades involucradas, donde la complacencia mutua se centra en los mecanismos de defensa, donde se reflejan las necesidades bio-génicas y psicológicas entre ellos los conflictos no resueltos, integrándose todas estas actitudes y conductas en determinar la calidad y permanencia de las relaciones afectivas, como debut de las relaciones, este mecanismo es común para todo tipo de parejas.

Las diferentes contribuciones de la abstracción del pensamiento como delirios o fantasías hace una vía para las desviaciones de comportamientos dentro de las relaciones sexuales, conocido históricamente por los clásicos de la psicología como el sadismo, el masoquismo, el exhibicionismo, el fetichismo, la violencia sexual, el bestialismo, la necrofilia, el infanticidio, estas formas de desviaciones practicadas por los humanos dentro del comportamiento sexual, en contraste con otras especies de la Creación, ya que la sexualidad humana es expansiva por la riqueza de nuestro psiquismo puede llevarse a todos los niveles que el pensamiento puede alcanzar.

En resumen, la sexualidad puede adquirir un número increíble de modelos o formas, y cada uno indica el mecanismo de defensa generador de estos comportamientos, proyectados para superar los conflictos adquiridos en diferentes etapas del desarrollo de la personalidad en ambos sexos, cada uno con sus peculiaridades psicológicas. Entre ellos:

• Público-Oculto
• Activo- Pasivo
• Obsesiones compulsivas con respecto a algún pensamiento
• Sublimado (Celoso y Adicto)
• Difuso (Confusión del Sí Mismo)
• Especifica (Con una Persona)
• Altruista (Identificación con otra persona)
• Amistoso (Complacencia Circunstancial)
• Sadismo (Para producir dolor o frustración)

• Protección (Red de Seguridad)
• Adulación (Subordinación)
• Superficial (Limitado)
• Reprimido (Inconsciente produce adicciones)
• Periférico (Limitado)
• Central (Satisfacción Única)
• Transitorio (Episodios Eventuales)
• Persistente (Pensamiento de Autocastigo Permanente)
• Estética (Atracción por la Belleza)
• Intelectual (Racionalización)

Muchas formas o modelos como individuos pueden existir, también se puede decir que cada uno de estos modelos proyectivos se ajusta perfectamente a las relaciones heterosexuales, porque cada uno diseña y proporciona sus características histórico-psico-sociales en el acto sexual en sí mismo y también determinará si el acto es una página o un capítulo o es un libro en la vida de esta pareja, esto dependerá del éxito y de otras motivaciones subyacentes en función de las expectativas que ambos crearon alrededor de la relación.

La elección de la pareja viene determinada por la configuración histórica de cada personalidad, lo que nos lleva a pensar que, si ciertas variables se introducen en el entorno psicológico y social, pueden influir en qué tipo de compañero resultara elegido para proyectar sus "instintos sexuales", por lo tanto, si cambiamos la forma en que el ambiente favorece a un cierto tipo de pareja, podemos erradicar esta categoría Psicopatológica a nivel social.

Los niños adoptados por parejas gays

El profesor Mark Regnerus, sociólogo del Centro de Investigación sobre la Población, de la Universidad de Texas, junto a ocho científicos de diversas universidades norteamericanas, concluye que los jóvenes que han crecido en hogares formados por parejas del mismo sexo son más proclives a padecer problemas mentales, relaciones menos estables y mayor tasa de criminalidad.

"La estadística muestra con claramente que los hijos criados por padres gays o lesbianas están, en promedio, en una desventaja significativa cuando se comparan con los hijos criados por sus padres biológicos, casados, en familias intactas", afirma Regnerus en su informe.

El 'Estudio de las Nuevas Estructuras Familiares (New Family Structures Study)', cuyos contenidos fueron validados y difundidos por la prestigiosa revista científica Social Science Research, se ha basado en el análisis de miles de datos obtenidos con una encuesta realizada en el año 2011 a 2.988 sujetos de 18 a 39 años.

En la muestra había personas criadas por adultos, padres biológicos o no, que en algún momento de sus vidas tuvieron o mantenían en el momento de la encuesta una relación homosexual.

El sondeo se aplicó también a jóvenes de perfiles similares, pero criados en otros entornos familiares como familias naturales, adoptivas, divorciados o mono parentales. El número de entrevistados, su diversidad y rigor estadístico hacen de esta encuesta el instrumento de medición más fiable hoy.

Los riesgos de crecer en una familia gay o lesbiana

Las conclusiones del estudio realizado por Regnerus, donde se afirma que se expone a graves riesgos a los niños que son adoptados o criados por parejas del mismo sexo, esclarece muchas dudas.

"Los niños criados en hogares homosexuales tienen un promedio más bajo en niveles de ingresos económicos cuando son adultos, y padecen más problemas de salud física y mental, así como mayor inestabilidad en sus relaciones de pareja".

Además, un 40 % de los hijos de parejas gay o lesbianas ha contraído una enfermedad de transmisión sexual, mientras en los de parejas heterosexuales el porcentaje es del 8%. El 12% de los encuestados que crecieron con parejas del mismo sexo ha pensado en el suicidio, frente al 5% de los hijos criados por un hombre y una mujer.

Y los hijos de parejas del mismo sexo, prosigue el estudio, recurren con mayor facilidad a la psicoterapia y requieren mayor asistencia social (19% frente a 8%). A menudo son desempleados (28% contra 8%), son normalmente más pobres, menos saludables, más propensos al tabaquismo y a la criminalidad.

El profesor Regnerus señaló que los hijos de parejas lesbianas difieren en un grado estadísticamente significativo respecto de los hijos criados en familias biológicas intactas en 25 de los 40 aspectos medidos por el Estudio. De igual manera, los hijos de parejas gay ostentan un grado estadísticamente significativo en 11 de los 40 aspectos medidos, en comparación con el resto de las familias.

Los hallazgos del grupo académico liderado por Regnerus cuestionan categóricamente la validez de los 59 estudios citados por la Asociación Psicológica Americana (APA) que, con un número muy inferior de casos y menor cruce de datos, afirmaban que no existían desventajas para los niños criados por padres gay o lesbianas.

Por el contrario, el informe hace un balance de los estudios registrados durante los últimos 10 años y correspondiente discusión académica sobre el tema, señalando que ninguno de esos estudios es metodológicamente fuerte para poder sostener la posición de la APA.

¿Quién defiende los derechos de estos niños vulnerados?

Ante la evidencia de las conclusiones del estudio del Profesor Regnerus, cabe plantearse la pregunta de quién defiende los derechos vulnerados de los niños que crecen en hogares con parejas del mismo sexo

Ref.http://www.forumlibertas.com/nuevo-informe-los-hijos-de-parejas-gays-o-lesbianas-estan-en-desventaja-ante-los-criados-por-padres-biologicos/

Promiscuidad de las de las parejas homosexuales

Una estudio científico titulado: "A Comparative Demographic and Sexual Profile of Older Homosexually

Active Men", publicado en el Journal of Sex Research y realizado sobre 2583 homosexuales, que los valores mínimos de la población el 10,2-15,7% de ellos habían tenido en su vida entre 501 y 1000 parejas sexuales; un máximo 10,2-15,7% había tenido más de 1000 parejas sexuales.

El dato demuestra que aun en 1997 era relativamente difícil conseguir parejas y destaca la cantidad de parejas que fueron capaces de conseguir. La actividad homosexual demuestra que no ofrece estabilidad y aun mucho peor para adoptar niños en tal tipo de hogar. Este grupo poblacional solo necesitad sexualidad sin responsabilidad de una manera abierta y líquida, esto demuestra que mucho menos pueden constituir un ambiente aceptable para la adopción.

Los activistas de LGBT nos empujan... ¡al vacío!

El Dr. Paul McHugh, profesor de psiquiatría en la Facultad de Medicina de la Universidad Johns Hopkins durante 26 años y pionero en la cirugía del sexo para tratar la disforia de género. Después de analizar los resultados, concluyó que los procedimientos ejecutados no trajeron ningún beneficio a sus pacientes y cancelaron la cirugía desde 1970. Hoy, recomienda que la disforia de género tenga un tratamiento de ajuste psicosocial como las otras enfermedades mentales.

El Dr. Paul McHugh y Lawrence S. Mayer, bioestadístico y epidemiólogo, publicaron en el "The New Atlantis" un reporte titulado "La sexualidad y el género: hallazgos de los factores biológicos, psicológicos, y

Ciencias Sociales," donde se demuestra que las reclamaciones y afirmaciones del movimiento LGBT "no están fundamentadas por la evidencia científica."

"La disforia de género, una sensación de incongruencia entre el sexo biológico y el propio, acompañada de angustia o deterioro clínicamente significativo, a veces se trata en adultos mediante hormonas o cirugía, pero hay poca evidencia científica de que estas intervenciones terapéuticas tengan beneficios psicológicos".

A pesar de sus modestas ganancias políticas, favorecidos por el Partido Demócrata el movimiento transgénero ha institucionalizado rápidamente su ideología en las principales instituciones médicas y universidades de investigación, por ejemplo, el Boston Children's Hospital, se recomienda como "el primer gran programa en los Estados Unidos enfocado en niños y adolescentes transgénero" en 2007.

"Hoy, en los últimos diez años han surgido más de 45 clínicas pediátricas de género han abierto sus puertas a los niños de nuestra nación". ¿Cabe preguntarse... Ética o Dinero?

Las personas con disforia de género el 41 % toman la vía del suicidio como definitiva solución.

Es muy importante se tome control hasta donde los activistas están haciendo daño a la Humanidad imponiendo su absurda ideología especialmente en los niños de ahora que serán los adultos de mañana. Si imaginamos por un momento que el 100% de los habitantes del planeta como quieren los activistas del género. ¿Por cuánto tiempo existiría la vida humana en el planeta?

La estrategia propuesta para "homosexualizar la sociedad", requiere un proceso de cuatro instancias y se fundamenta en tratamientos médicos; después del diagnóstico de la "disforia de género"…inducida como parte del Plan Subversivo.

En primer lugar, se debe alentar a los niños a una transición social si expresan una identificación "consistente, insistente y persistente" con el sexo opuesto al que la naturaleza les ha dotado. Entre otras cosas, la transición social consiste en un nuevo nombre, se llama José le llamaremos "Rosa Margarita", un nuevo pronombre de género era El, ahora será Ella, un nuevo vestuario, usaba pantalón después una minifalda, acceso a los baños y vestuarios del sexo opuesto, para maquillarse y sentarse para orinar.

En segundo lugar, a medida que los niños se acercan a la pubertad, se les trata con medicamentos hormonales para que no se desarrollen los órganos reproductores en el cuerpo que imaginan tener.

En tercer lugar, a medida que los niños alcanzan a la adolescencia, deberían recibir las "hormonas sexuales del sexo opuesto: estrógeno para el niño y testosterona para la niña, para simular el desarrollo puberal en el cuerpo "imaginado por la víctima".

La etapa final de la transición se produce alrededor de los 18 años, cuando se vuelven elegibles para procedimientos quirúrgicos que reemplazan genitales externos y características sexuales secundarias con aquellos que imitan el sexo que su fantasía ha elegido.

Los padres captados por el activismo subversivo del "genero" son inducidos a pensar que si no aceptan las preferencias sexuales de sus hijos, estos tomaran la decisión del suicidio.

El futuro de este niño podría ser salvado de las fauces de la subversión, si desde las primeras manifestaciones de gustos, gestos inadecuados y actitudes incongruentes con su sexo biológico, se le aplica un tratamiento psico-terapéutico al grupo familiar, el 95% de estos niños "disfóricos" re identifican con su sexo biológico y obtienen un desarrollo normal.

Rectificar el rumbo y detener el Plan Subversivo debe ser tarea urgente para preservar el Planeta de la extinción de la especie.

Capítulo # 7

Aumento incontrolado de la inmigración

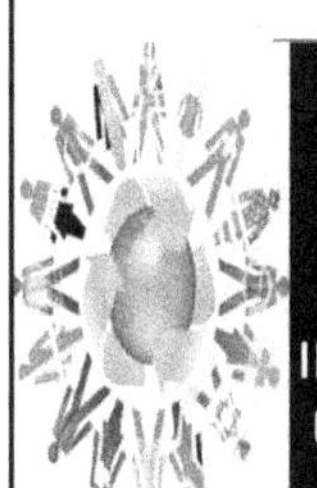

Los grupos en conflicto alrededor del mundo crean perdedores o ganadores por diferentes razones son inducidos al abandono de sus países. Este fenómeno ha sido explotado y manipulado por las potencias enemigas. El continente africano ha tenido más de 50 años de guerra internas, esta oleada de inmigrantes no solo ha invadido a Europa sino o también a Estados Unidos y países del Sur africano. Es muy aleccionador que los inmigrantes no toman la ruta de Rusia, China, Cuba o Corea del Norte.

Los intelectuales de izquierda justifican con teorías como la de Coudenhove-Kalergi, que sostiene que la homogeneidad cultural y sociológica, anula el concepto de identidad nacional, con el objetivo de crear una sociedad más dócil que acepte la rigurosidad de la sociedad marxista.

El 'Nuevo europeo' de Cloward-Piven es también la forma de crear el colapso social y económico para incluir en los presupuestos del Estado las demandas de estos grupos que hacen bajar la productividad social.

La "Integración Multicultural", "Arco Iris Americano", y el "Pastel Americano" conceptos bautizados con apetitosos vocablos, pero todos ellos traen el mismo resultado: El Suicidio Social de los Estados Unidos.

Un nuevo estudio sobre inmigración subraya que la inmigración, legal e ilegal, incrementa en 8,3 millones la población de los Estados Unidos cada cuatro años.

Esta inmigración tiene una tasa de crecimiento más alta que la nativa y viene precisamente de los países hostiles a los valores culturales americanos. Por ejemplo, Arabia Saudita aporta la mayor cantidad de emigrantes entre los años 2010 a 2014, obtiene una tasa de crecimiento de 93 por ciento, seguido por Bangladesh en 37 por ciento e Iraq 36 por ciento, mientras que la de Estados Unidos es solo de 1.8 % anual.

http://www.wnd.com.

El decrecimiento demográfico de los americanos, no hispanos, es de 1.8 y va camino a la extinción, porque el mecanismo de rellenar este déficit poblacional mediante el otorgamiento de visas y la entrada de inmigrantes ilegales conducen al exterminio de nuestro propios hombres y mujeres.

Es curioso como los ecologistas protegen las serpientes, lobos y águilas y otros animales en peligro de extinción, sin embargo, ellos mismos están en peligro de desaparecer desde hace más 30 años, y jamás han levantado su voz sobre este asunto tan serio para el futuro.

Si analizamos que nacionalidades prevalen entre los inmigrantes legales e ilegales, por su país de origen, vemos que entre ellos existe un factor común: En sus respectivos países la Política Inmigratoria es muy diferente. A los inmigrantes no les otorgan la ciudadanía ni Derechos Laborales, No permiten la reclamación de familiares como es usual en los Estados Unidos. Mucho menos beneficios sociales a los extranjeros. ¿Por qué entonces los Estados Unidos no utiliza su derecho a la reciprocidad para sus ciudadanos cuando emigran a otros países? Cuantos americanos han recibido la ciudadanía por naturalización en países que aportan la mayor cantidad de inmigrantes legales e ilegales como Arabia Saudita, México, Cuba, Iraq, Irán, Afganistán, Turquía, Emiratos Árabes, Qatar, Somalia, Rusia, Korea del Norte, Venezuela, China, India, Irán. La cuenta es interminable.

En la actualidad, hay 44 millones de inmigrantes en Estados Unidos que representan el 13,5 por ciento de la población. A nivel mundial 1 de cada 5 migrantes está en los Estados Unidos.

Las fuentes de inmigración por países:
- México con el 26 por ciento. Uno de cada cuatro migrantes en E.U es mejicano.
- India, con el 6%
- China, con el 5%
- Filipinas, con el 4%
- El Salvador, Vietnam y Cuba, cada uno con el 3,5 %
- República Dominicana, Corea del Sur y Guatemala, cada uno con el 2,5%

Los nacionales de esos 10 países representan el 58 % del total de los migrantes en Estados Unidos.

Es oportuno que los votantes faciliten su apoyo a los políticos que defiendan el futuro de los nacionales, imponiendo como hacen la mayoría de los países europeos un impuesto a los descendientes de familias no nacionales y que esos recursos estén en función de los nacionales que se han inhibido de tener familia por falta de recursos económicos, vivienda, posibilidades de estudio, etc. Recursos que se han estado compartiendo históricamente con la inmigración por decenas de años con billones de dólares.

Si queremos salir de este desastre demográfico, la recaudación de estos impuestos debe ser destinada a las familias nacionales que crecen. Esta sería una forma muy práctica de ayudar a que los valores patrióticos y culturales americanos prevalezcan y defendernos del impacto de la subversión creada por el enemigo. Esto no es un espejismo, es una realidad objetiva.

La política de apoyo a la diversidad cultural comenzó por los gobiernos locales o condales. Por falta de proyección al futuro, ignorancia, corrupción, y liberalismo la han impuesto. Estamos acercándonos al abismo por la ruta más corta. Además, es el punto culminante para hacer brillar la corrupción y socavar nuestra cultura.

Como norma histórica aceptada por la Humanidad por miles de años, cada inmigrante al llegar a una nación debe adaptarse a las reglas y el rol del país que le acoge, tenemos que hacer muy clara la idea de que los inmigrantes tienen que hacer lo que vean, la Biblia dice. Es necesario donde llegues haz lo que vieras...lo inmigrantes de bajo nivel cultural arrastran los malos o buenos hábitos a su nueva morada, a su nuevo ambiente sociocultural, creando conflictos con el resto de las personas y cerrándose las puertas a las ventajas que puede ofrecerle una sociedad más avanzada.

"En los últimos anos, los liberales han llevado una campana de defensa del ambiente, las especies en extinción, el calentamiento global, el recurso natural, el agua, la emisión de gases, contra la ganadería, los productos nacionales más simbólicos como la Coca-Cola, las comidas rápidas, etc.

Sin embargo, un grupo humano con tipicidad evidente que ha demostrado ser útil al resto de la Humanidad por ser generoso, altruista, valiente, sacrificado, desinteresado, y noble, ese es el americano blanco.

Es un grupo racial en extinción, con tendencia a desaparecer por la absorción demográfica de de otras razas.

Nunca se ha visto defender este importante recurso de la nación y para el resto de la Humanidad, por todo lo que ha aportado en todos los sentidos, que todos conocemos, pero pocos reconocen.

Dados los efectos negativos del crecimiento continuado por adición externa y artificial, es hora de establecer una política nacional de en defensa de la población nativa, que conduzca al crecimiento de los nativos. Es común que dado el alto costo de la vida y el nivel cultural de la población de los países industrializados presenten el mismo problema, sus poblaciones están estables o en declinación. Estabilizar la población de Estados Unidos, es muy importante, de lo contrario, vamos hacia un desastre. Si llegamos a 400 millones con la proporción de nacionales como está ahora... ¡Adiós a los Estados Unidos

Prospectiva Demográfica:
Americanos en Extinción

La Oficina del Censo pronostica para el 2060, "Uno de cada tres habitantes en Estados Unidos serán de origen hispano y árabe", actualmente es uno de cada 6 y en el año 2043 los blancos dejaran de ser mayoría, según el Censo del 2010, explicó el director interino de la Oficina del Censo, Thomas L. Mensenbourg.

Este cambio demográfico tendrá dos tendencias: el aumento de la población hispana, que pasará de 53, 3 millones a 128,8 millones en 2060, y el descenso de la población blanca en número total y en proporción.

La alarmante proyección del Censo está en que no existen probabilidades reales que se tomen medidas para reducir este impacto desastroso y sus consecuencias previsibles para el desarrollo del país.

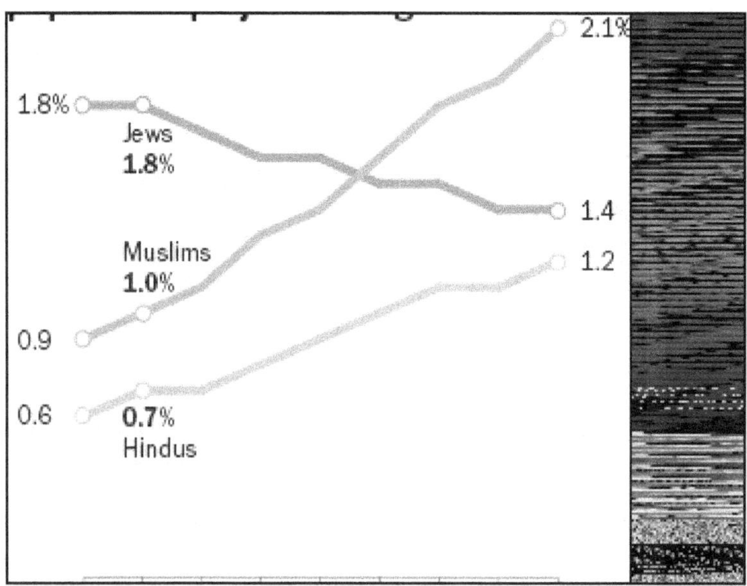

Los nativos crecerán a un ritmo más lento en las próximas décadas, en comparación con las proyecciones realizadas en 2008 y 2009, los niveles de nacimientos y de migración internacional neta son más altos, por la fertilidad y el flujo migratorio sin precedentes, explicó Mensenbourg.

Las expectativas de vida hacen crecer la población de más de 65 años que aumentará más del doble, en el 2060, crecerá de 43,1 millones a 92 millones, mientras que la de ancianos mayores de 85 años aumentará en más del triple, de 5,9 millones a 18,2 millones, para alcanzar el 4,3% de la población en el país.

En 2043 Estados Unidos la población estará compuesta por un conjunto de minorías étnicas. En total, todas las minorías, que ahora conforman el 37% de la población estadounidense, serán el 57% en 2060.

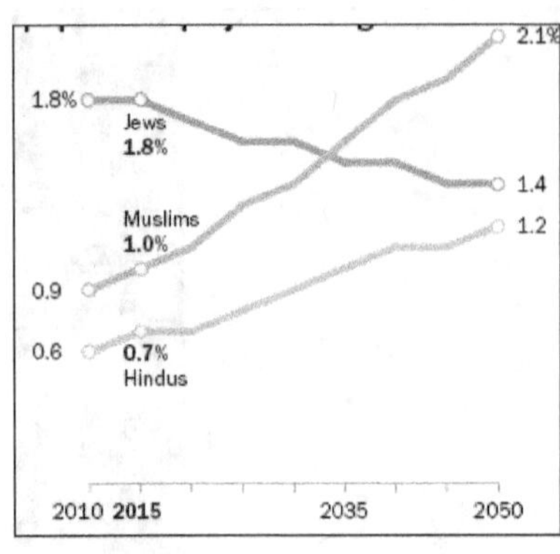

Los blancos serán solo el 43%. Los hispanos el 31%, y los negros el 14,7%, el censo no tiene en cuenta el factor de mestizaje, disminuirá significativamente a los blancos. Los asiáticos aumentaran al doble, de 15,9 millones en 2012 hasta 34,4 millones en 2060.

Estimado de aumento de la población árabe en Estados Unidos por Pew Research Center.

¿Por qué los liberales facilitan la inmigración? ¿Saben ellos las consecuencias? ¿Dejara Estados Unidos de ser lo que son? ¿Por qué los enemigos han limpiado el cerebro de los liberales para que luchen por la inmigración? ¿A quién favorecen? ¿Por qué Rusia, China, Irán, Cuba, y Corea del Norte no aceptan la inmigración?

Los inmigrantes no son significativamente patriotas de Estados Unidos, no aman, ni entienden sus razones... ¿Esto es positivo para nuestro país?

Por lo general cuando una persona llega a otro país, automáticamente su psiquis hace comparaciones con el país anterior, con un poco de desconcierto, temor se aferra a las experiencias pasadas y trata de mantener sus costumbres, lo cual no le deja realmente incorporarse a la nueva sociedad, pero no logra aprender porque el multiculturalismo le ofrece seguir con sus mismo hábitos y costumbres, cada vez su frustración será mayor, porque no logra encontrar el acomodo necesario para asimilar al país más desarrollado del Planeta. Entonces establece en el nuestro sus formas de vida que nunca le fueron exitosas donde nació, entonces, nos preguntamos qué tipo de país será Estados Unidos cuando esté formado por el "coctel" de todo lo que no ha sido exitoso que nos trae el State Department, el Gobalismo y la Izquierda.

Capítulo 8

"La promoción del consumo excesivo de alcohol y drogas"

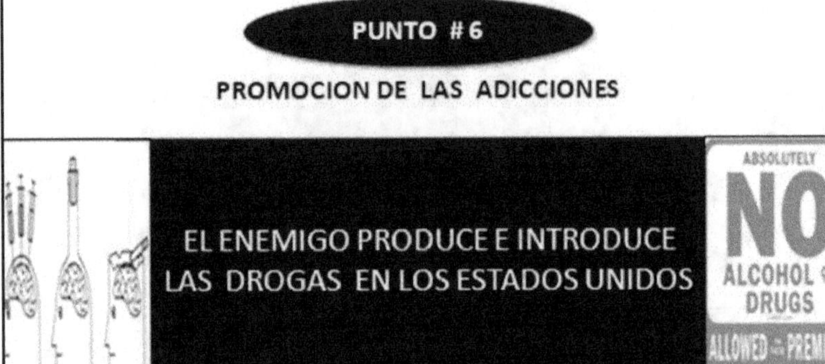

Las bebidas alcohólicas y las drogas psicodélicas hicieron explosión en los años 60 como expresión de la "contracultura". El Plan de Subversión para la degradación social y cultural, impulso el tráfico ilegal de todo tipo de drogas y somos testigos de los esfuerzos que hacen para legalizarla.

Es conocido que el consumo de drogas y alcohol crea un deterioro de la cohesión familiar a corto plazo, una puerta de entrada a la criminalidad, la normalización del sexo sin responsabilidad, autolesiones o suicidios. Estos resultados se ajustan a los objetivos de la subversión cultural marxista y a las metas del Partido Comunista.

Las "teorías críticas" del marxismo cultural se afianzaron en la tumultuosa década de 1960, cuando la guerra de Vietnam, y la Revolución de los Estudiantes de Francia como parte de una ofensiva de la subversión soviética para desmoralizar los intentos de Estados Unidos de bloquear la agresión de Viet Nam del Norte contra el Sur, unir a los países en vías de desarrollo contra Estados Unidos, creando guerrillas en África, Asia y América del Sur. Una real guerra psicológica contra el factor humano de las fuerzas armadas de Estados Unidos y sus ciudadanos.

El enemigo utilizó todo tipo de herramientas subversivas para desmoralizar las fuerzas vivas de la nación americana en su intento de defender a Viet Nam del Sur.

Herbert Marcuse, un miembro de la Escuela de Frankfurt que predica el "gran rechazo", a Estados Unidos en su prédica contra todos los conceptos de la cultura judeo-cristiana, y un impulso ciego por la liberación sexual, y dentro de la misma escena utilizando la mujer y al negro como víctimas, en su retorica son tratados como artículos de consumo. Promueven la liberación por vía de la rebeldía y su expresión, el terror, para imponer sus 'Derechos'.

Estados Unidos es el receptor del tráfico de drogas, a través del contrabando de sustancias ilícitas. "Aproximadamente 21,8 millones de personas de 12 años o más eran consumidores de drogas ilegales en 2009", señaló la Encuesta Nacional de Consumo de Drogas y Salud. Un estudio mexicano-estadounidense del 2017, expone que el 85 por ciento de la cocaína que llega a Estados Unidos pasa a través de México, donde el negocio del narcotráfico mueve hasta 29 mil millones de dólares al año.

Fuente: Oficina Nacional para Control de Drogas de EE.UU., Gil Kerlikowske

Su primera tesis fue que los estudiantes universitarios, los negros del gueto, los alienados, los antisociales y el Tercer Mundo podrían tomar el lugar del proletariado en la próxima revolución comunista. "Crear dos tres, muchos Viet Nam"

Herbert Marcuse tomo el liderazgo de la Escuela de Frankfurt en cuanto a los orígenes de la 'corrección política', porque fue el vínculo precursor de la contracultura en la década de los 60, la gran explosión de la adicción al LSD (Ácido Lisérgico), cocaína, marihuana, crac, heroína dio inicio a un nuevo capítulo de la destrucción de nuestra joven generación en el 1980 coincidiendo con el nuevo plan de subversión de la URSS desde Cuba.

Su principal objetivo era claro: "Se puede hablar con razón de una revolución cultural ya que la protesta era un producto evidente del trabajo de subversión contra los Estados Unidos, fundamentalmente rompiendo las normas de la moralidad simbolizadas en todas las esferas de la cultura (arte, religión, leyes, educación, ciencia) es la justificación o la fachada perfecta para destruir el país".

Ejemplo de esta corriente subversiva es el dialogo de Fidel Castro pocos días después de la Crisis de los Misiles, durante una visita nocturna a la Universidad de La Habana, justamente en la Plaza Cadenas, algunos estudiantes y el Presidente de la FEU el Capitán José Rebellón, y otros dirigentes, comenzó un dialogo sobre los misiles nucleares y alguien le pregunto a Castro sobre qué pasaría si las armas nucleares contra Estados Unidos... Castro muy agresivo y decidido respondió. "Los Soviéticos nos pueden quitar los cohetes, pero nosotros tenemos otros medios para destruir a los americanos, los vamos a ahogar con las drogas, los vamos a destruir por medio de facilitarles drogas lo más baratas posibles para generalizar su consumo, que las drogas no sea solo un privilegio de la burguesía ". Hubo decenas de testigos entre ellos, mi amigo el Profesor Sergio Cutie-Tula y el autor.

Estadísticas Mundiales sobre consumo de Drogas Psicodélicas

El LSD es 100 veces más potente que los hongos alucinógenos. En Europa, hasta el 4.2% de aquellos que tienen entre 15 y 24 años de edad han tomado LSD al menos una vez. Lo consumen más del 1% en siete países (Bulgaria, República Checa, Estonia, Italia, Letonia, Hungría, Polonia).

En Estados Unidos, desde 1975, investigadores financiados por el Instituto Nacional sobre el Consumo de Drogas han hecho encuestas a una muestra representativa de 17,000 estudiantes, para determinar las tendencias del consumo de drogas y evaluar las actitudes y creencias de los estudiantes sobre el consumo de drogas.

Entre 1985 y 1997, el 13.6% de los estudiantes de último año de preparatoria habían experimentado con el LSD al menos una vez en su vida.

Un estudio publicado en enero del 2008 informó que cerca de 3.1 millones de personas en Estados Unidos entre las edades de 12 a 25 años dijeron que habían tomado LSD.

El LSD es 4000 veces más potente que la mezcalina.

Un caso similar a muchos

"Empecé a frecuentar clubes de striptease y casinos, me volví muy promiscuo, visitando un burdel tras otro, y pronto conocí otras drogas.

"Para entonces había perdido toda mi herencia y tuve que mudarme a un edificio donde vendían crack, donde permanecí un año viendo morir a la gente, perdiendo mi negocio y convirtiéndome en ladrón. "Me arrestaron en noviembre de 2003 por intento de secuestro y fui a prisión. "Había herido y perdido a todos los que me amaban y era repudiado. "Terminé sin

hogar, en la calle, viviendo y durmiendo en una caja de cartón cerca de la estación de trenes, mendigando y luchando por encontrar la forma de conseguir mi siguiente comida". —**Fred**

Fuente: Drugabuse.gov

El abuso de tabaco, alcohol y drogas ilícitas crea un alto costo a los Estados Unidos. Se calcula sobre los 700 billones anualmente en costos relacionados con los diferentes crímenes, perdidas de productividad del trabajo y cuidados de salud.

	Cuidados de Salud	Total
Tabaco	$130 billones	$295 billones
Alcohol	$25 billones	$224 billones
Drogas	$11 billones	$193 billones

Como podemos observar, la adicción a las drogas y el alcohol es un factor poderoso en la destrucción del individuo, la familia y la sociedad, además, la nación pierde miles de millones de dólares, que podrían emplearse en beneficio de la sociedad. El incremento de consumo de drogas es un elemento muy importante en los planes de los enemigos de Estados Unidos.

En la provincia de Holguín, Cuba aparece en el mapa de Google un extraño parche de nubes cuadradas, la aparición de estas extrañas nubes se debe a que debajo se esconde un laboratorio de pasta de coca denunciado por la DEA en diciembre de 1988, cuando se hizo público la localización de un centro de elaboración de pasta de coca como el más grande del mundo. Aparecen en el área de Mayarí en el extremo este de la Isla, una raras nubes con bordes lineales para encubrir la planta procesadora de coca.

Cuba y Estados Unidos se enfrentaron durante las conversaciones para el retiro de las tropas cubanas de Angola, allí la delegación americana solicito un encuentro privado a la Delegación de Cuba, presidida por Jorge Risqué Valdés. Chester Crocker, jefe de la delegación de los Estados Unidos les proyecto un pequeño documental de la DEA con escenas tomadas en la calle 8 de Miami, Florida donde el Coronel Antonio de la Guardia, el mayor José Sánchez Lima y otros discutían con otros narcotraficantes colombianos la entrega de la droga, también se puede observar los seguimientos por radar de aviones y embarcaciones cargadas con drogas, lo más importante fueron los embarques en la Bahía de Nipe y la actividad en el área donde están las actuales "nubes cuadradas" que esconden las edificaciones y arterias de comunicación.

Durante la proyección de este documental Jorge Risqué se desmaya. Al llegar a Cuba, Castro lo agredió de palabra y de obra, fue sustituido de inmediato por Carlos Aldana.

Castro, desvió la atención con un alarde de valentía y en los momentos que se acercaba la terminación de la guerra en Angola, entonces dio la orden del incremento del número de armamento y efectivos cubanos en Angola, decisión que costo miles de muertes en ambas partes. Para llegar a un fin del conflicto con la escena que debió comenzar, 'unas elecciones libres supervisadas por la ONU' lo que trajo como consecuencia la Causa Uno.

Referencias:

1 Crocker, Chester, *High Noon in Southern Africa*, New York, 1993, p. 374.

2 "Conversación Risqué - Dobrynin sobre Angola", Moscú, 18 de septiembre de 1987, archivos del Comité Central del Partido Comunista de Cuba (en adelante ACC)

3 Nota verbal, adjunta en "Entrevista del compañero Jorge Risquet Valdés con el señor John Taylor, jefe de la SINA", 25 de diciembre de 1987, ACC.

4 Joint Chiefs of Staff, 15 de Abril de 1988, Freedom of Information Act (FOIA); Breytenbach, *Buffalo Soldiers*, Alberton, S.A., 2002, p. 308.

5 "Trascripción sobre la reunión del Comandante en Jefe con la delegación de políticos de África del Sur (Comp Slovo)", Centro de Información de las Fuer-

zas Armadas Revolucionarias, Habana (en adelante CIFAR).

6 Abram Horowitz (Oficina de Inteligencia del Dpto. de Estado) al Secretario de Estado, 13 de mayo de 1988, FOIA.

7 General Jannie Geldenhuys, Burger (Ciudad del Cabo), 27 de mayo y 9 de junio de 1988, p. 1.

8 CIA, "South Africa-Angola-Cuba, " 29 de junio de 1988. FOIA.

9 Entrevistas con los mayores Nghilalulwa y Shiweda, y con el general Nakandungile, Windhoek, 22-24 de noviembre de 2007.

10 "Summary minutes of a meeting held at the U.S. embassy in Cairo on 24 June 1988 between the South African and U.S. delegations to the Cairo talks", SWA/Angola, Angola Talks, v. 2, Department of Foreign Affairs, Pretoria (DFA).

11 "Propuesta sudafricana con respecto a la retirada total de las tropas cubanas de Angola y la aplicación de la resolución 435/ 1978 del Consejo de Seguridad de las Naciones Unidas con relación con la propuesta de la independencia de África del Suroeste/Namibia", 18 de junio de 1988, ACC.

12 "Conversaciones RPA-Cuba-EE.UU. -RSA", 24 de junio, CIFAR.

13 Burger, 27 de junio de 1988, p. 1.

14 «Entrevista de Risquet con Chester Crocker, 26/6/88», ACC.

15 Malone a Jacquet, 20 de julio de 1988, SWA/Angola, v. 2, DFA.

16 Andrés [Ulises Rosales] a Alejandro [Fidel] y Luar [Raúl], 22 de julio de 1988, CIFAR.

17 «Onceno Encuentro Cuatripartito, Brazzaville, del 1 al 3 de diciembre de 1988», ACC; *Star*, 5 de diciembre de 1988, p. 17.

18 Entrevista telefónica con Neil van Heerden, 14 de diciembre de 2007.

19 *Granma*, 22 de diciembre de 1998, p. 4.

20 Crocker a Schultz, 25 de agosto de 1988, FOIA

21 Mandela, 26 de julio de 1991, Granma, 27 de julio de 1991

22. Entrevista privada con el intérprete y otros miembros de la Delegación

Estímulos Sónicos sustiyendo las drogas

El resultado es Trastornos de Conducta y adicción sin rastro químico.

Este fenómeno de introducir señales sonoras estimula determinadas áreas del cerebro y producen consecuencias semejantes a la música que nos induce a bailar, pero a su vez puede crear un efecto psicotóxico semejante a una droga real, por ejemplo como el caso de quien come un pastel de manzana con cianuro. El pastel no deja de ser agradable pero el cianuro lo mata.

El desarrollo de los software gráficos y de sonidos puede producir estímulos psicofisiológico tóxicos y conductas semejante a la que producen las drogas conocidas.

Estos sonidos adictivos se pueden adquirir por los adolescentes a través de Internet, en la privacidad de su habitación. También cuando nos salpican por la televisión, Internet, videos, o simplemente insertan estímulos en la música que induce estados psicofisiológicos semejantes a la droga.

El desarrollo de las Neurociencias nos trae maravillas a nuestra vida, pero el enemigo o los enemigos los utiliza también para destruirnos sin dejar huellas. El estado psicológico producto de estos sonidos es como un interruptor de desconexión que aísla al individuo de su verdadero propósito como ser social, los afectos por su familia y los valores morales, limitando cada vez más sus necesidades biológicas, psicológicas y sociales priorizando la necesidad de recibir más estímulos que provoquen estos estados anormales de conciencia, convirtiéndose este proceso en una espiral descendente a la total dependencia.

La hipnosis, los estímulos subliminales aplicados en forma individual o colectiva dejó de ser un espectáculo o herramienta terapéutica para convertirse en arma de políticos y religiosos inescrupulosos. Aseguran que, a medida que la tecnología aceleró su desarrollo, selectos grupos de sociólogos, psicólogos, lingüistas e ingenieros electrónicos atacaron la psiquis humana.

Más allá de los clásicos cinco sentidos que conocemos desde nuestra infancia existen otros sensores que llevan al cerebro por lo menos 127 tipos de sensaciones las cuales nos ayudan a tener una imagen integral de nuestro ambiente físico y nuestro cuerpo interno y externo. Esta red perfecta de información nos puede abrir sus puertas para ejercer un control desde nuestro exterior para controlar nuestros procesos emocionales, el pensamiento, el lenguaje, la coordinación neuro-motora, el control de nuestra conducta y pueden incluso expandir o inhibir los límites de las valoraciones morales, etc.

Otro elemento importante es el desarrollo de la simulación a través de la sensación y la percepción que también nos facilita un campo ilimitado de conocimientos y entrenamiento a través de la interacción perceptual del mundo virtual en función del aprendizaje de nuevas habilidades.

Gracias a la percepción nos llegan también estímulos dentro de los sonidos, colores, y sensaciones visuales complejas a través del control de la imagen que recibimos, por ejemplo, la simulación del vuelo de un avión pasa a nuestro inconsciente como parte de nuestro arsenal cognitivo capaz sin sentarnos en la cabina del avión de desarrollar habilidades para manipular un avión. Los juegos de guerra o persecuciones policiacas facilitan la experiencia de matar y se asimila y acomoda esta experiencia cognitiva y al igual que al estudiante del vuelo desarrolla la capacidad de manipular el avión. El que mata en juego táctico guarda en su psiquis que ha disparado contra otra persona, nuestro psiquismo o nuestro consciente no es capaz de discriminar si estos recuerdos fueron reales o virtuales, en actividad lúdicra o en nuestra vida real.

Pero aun otra técnica, más silenciosa beneficiosa o maligna, es el uso de estímulos subliminales que también pueden favorecer el aprendizaje de idiomas y cualquier habilidad, pero también pueden ser portadores de ordenes inconsciente, temores, o inducciones a conductas en contra del interés de la persona que lo recibe.

Desde el descubrimiento de los efectos estroboscópicos y taquitoscópicos que es el basamento técnico para crear el Séptimo Arte, el Cine.

Poco tiempo después este fenómeno psicofisiológico fue utilizado para introducir en nuestro cerebro mensajes que llegaban sin que el receptor lo supiera, eran captado de alguna manera por el consciente y el inconsciente, los cuales llegaban a convertirse en conductas no determinadas por el receptor del mensaje.

Poco después, fueron denunciadas la introducción de mensajes subliminares con fines comerciales. Muchas fueron las demandas durante muchos años. Los documentos y pruebas científicas fueron presentadas hasta que el asunto llego al Congreso y se crearon legislaciones para controlar el uso de los estímulos subliminares.

Herramientas de la Subversión

Esta técnica también llegó a los comunistas quienes no tenían producto que vender, sino personas a subordinar o destruir para imponer el comunismo.

La URSS, China, Corea del Norte, Cuba lo han utilizado para el adoctrinamiento político porque en una sociedad totalitaria el individuo no puede conocer que hacen y como manipulan su vida.

La KGB (la agencia de inteligencia soviética) desarrolló sus propios métodos para aplicarlo contra la religión o formar guerrilleros.

Un ejemplo de estos experimentos ocurrió en Guyana utilizando el efecto del sonido y discursos compulsivos. El 18 de noviembre de 1978, el reverendo Jim Jones organizo el asesinato de 912 miembros de la secta Templo del Pueblo en Guyana. Esta experiencia de manipulación es considerada el mayor caso autoinmolación de la historia moderna. Jones había constituido años antes en EEUU un extraño credo que mezclaba el evangelismo con el socialismo y comunismo.

Luego, decidió irse con sus seguidores a Guyana y estableció extraños lazos con Cuba. Entre las propiedades de los cadáveres se encontraron propaganda política de Cuba, prendas de vestir con la imagen del asesino en serie Ernesto Guevara, discursos de Castro, etc.

El 14 de noviembre de 1978, el congresista estadounidense Leo Ryan, viajó a la ciudad de Georgetown, acompañado de una delegación del Congreso, periodistas y algunos disidentes de la secta, para comprobar si eran ciertas las acusaciones de fraude, lavado de cerebro, encarcelación, tráfico de drogas y armas.

El 17 de noviembre, Ryan y su asistente lograron entrevistarse con varios integrantes del grupo comunitario. La visita se desarrolló en un clima cordial.

A la mañana siguiente antes de que Ryan regresara, el ambiente cambió. Algunos residentes le pidieron si podían abandonar la colonia con él. Esto desencadenó la furia de algunos de los miembros más fanáticos e incondicionales. Jones lo consideró una traición imperdonable. El congresista fue atacado con un cuchillo, pero no hubo lesiones graves.

Alrededor de las 15:00 h, Ryan y 14 desertores de la comunidad, entre ellos Larry Leyton, fueron llevados a la pista de aterrizaje de Puerto Caituma (a 11 km al noreste). Una vez dentro del avión, Larry Leyton disparó contra los ocupantes, hiriendo a varios. Posteriormente, miembros de la comunidad que habían escoltado el coche de Ryan, dispararon contra el avión, asesinando al congresista, a tres periodistas, a una de las desertoras, madre de tres hijos que lograron huir, e hiriendo a otros nueve. Después de acribillar el cuerpo del congresista, le dispararon en la cara. Los supervivientes del ataque huyeron a campos cercanos y otro grupo entró en la selva donde estuvieron perdidos durante tres días hasta que los rescataron.

Luego, el diabólico reverendo repitió una consigna por el intercomunicador del campamento religioso," Noche Blanca" era la consigna que disparaba una sugestión post hipnótica de suicidio y más de 500 personas cometieron suicidio y unos 300 niños fueron ejecutados por sus padres antes de cometer suicidio, un total de 909 muertos.

Así terminó el experimento marxista en el Templo del Pueblo. Paul Ryan Representante por California, murió cumpliendo su honorable servicio. Fue condecorado post mortem con la Medalla de Oro del Congreso

Credited at source website, United States House of Representatives as: Image, Office of the Clerk, U.S. House of Representatives - http://clerk.house.gov/images/ weekinhistory/Ryan_leo.jpg as displayed in historical summary at http://clerk.house.gov/art_history/ Image caption at source website, United States House of Representatives: Representative Leo Ryan of California was posthumously awarded the Congressional Gold Medal, Congress's highest expression of national appreciation for distinguished achievements and contributions

No es difícil llegar a la conclusión sobre los autores, aunque algunos han inventado argumentos para inscribir este evento en la lista de falsas acusaciones contra la CIA. Además de la ideología que hizo reunir a estos inocentes fue la concepción marxista unida a la religión, pero aparece una extraña coincidencia porque antes y después de1978, Cuba tuvo una "Época de Oro de las Neurociencias" dentro las instituciones militares e Inteligencia Militar de Cuba y la URSS, entre otros a destacar están los experimentos de torturas a los pilotos norteamericanos capturados en Viet-Nam y otros muchos experimentos solicitados por la URSS a Cuba a través del Pacto de Varsovia y el Programa Inter-Cosmos.

La coincidencia significativa importante, durante estos años, la actividad de subversión política y cultural de Cuba estuvo centrada en Brasil, Venezuela y Guyana, en esta zona Cuba trabajo mucho la guerra subversiva con la emisora Radio Habana Cuba y en la Guyana Francesa hubo una red de espionaje cubano para obtener el Proyecto Espacial Frances "Arianne" que fue totalmente sustraído por Cuba.

Un factor importante que apunta quienes crearon este experimento, es el testimonio de la esposa del Pastor Jim Jones, ella declaro a la Prensa, su matrimonio en 1949 y Jim Jones, ya era un entusiasta militante comunista. Identificado y alineado con la línea de política de los dictadores Mao Tse-Tung de China, Josef Stalin de la URSS y Fidel Castro. El propio Jones hablaba de su ideología como socialismo religioso o socialismo apostólico. Posteriormente, el socialismo toma divinidad en su ideología como el "Dios Todopoderoso, el Socialismo". En 1959 tuvo a su hijo Stephan Ghandi Jones y adoptó otros niños de razas diversas en lo que él llamaba su "familia arco iris". En 1960 el Templo del Pueblo fue aceptado en la Iglesia Cristiana, Discípulos de Cristo.http://www.lostiempos.com/files/img/20170721/subguyanasuicidiojpg

Este suicidio masivo inducido es una muestra de la efectividad de los estímulos subliminares para inducir conductas que superan el instinto primario de la conservación.

Coinciden cronológicamente muchos eventos internacionales en el Asia, Africa y América que anuncian una ofensiva soviético-cubana a nivel mundial, entre ellas con la conjura anti americana de los Países No Alineados, organizados en bloque para servir de apoyo diplomático, político y militar en todas las operaciones subversivas de la Inteligencia soviética y cubana, todos los recursos científicos y militares estaban encausados a crear la desmoralización y desestabilización en decena de países como Afganistán, Etiopia, Irán, Iraq, Laos, Cambodia, Palestina, Yemen del Norte y del Sur, Líbano, Mozambique, Portugal, Angola, África del Sur, Panamá, Venezuela, Colombia, Guyana, Jamaica, Santo Domingo, Uruguay, Brasil, Estados Unidos, Nicaragua, Honduras, Salvador, México, etc.

Capítulo 9

"Vaciar las Iglesias"

Estados Unidos ha estado sufriendo un declive silencioso en la Fe. Durante los últimos 40 años, las iglesias se han estado vaciando, y las personas le han dado la espalda a Dios. El impacto de este silencio contra los Cielos es grande, pero tendrá una mayor influencia en futuras generaciones. Las razones de esta tendencia son multifacéticas, pero se puede culpar en gran medida a dos fuentes. Las escuelas y los medios. Tengamos en cuenta que un niño pequeño cuando no está en la escuela pasa la mayor parte de su tiempo libre prestando una intensa atención a los mensajes de la pantalla-, y cuando no está frente al TV o a la Internet está en la escuela en manos de los programas encaminados en hacerlo ateo y homosexual. El resultado de estos dos momentos afecta mucho más de lo imaginable.

Este aumento de ateos es utilizado por nuestros mayores enemigos. Los comunistas filosóficamente son materialistas y crean una sociedad sin iglesias.

De hecho, "aproximadamente dos tercios de los ateos (69%) se identifican como demócratas (o se inclinan en esa dirección), y la mayoría (56%) se autodenominan liberales políticos", según un estudio realizado por Pew Research Center. Esto es parcialmente es lo opuesto, debido a que los republicanos son vistos como tradicionalistas que defienden e imponen valores cristianos y patrióticos. Pero también debido a la ignorancia de las enseñanzas de la Biblia. Estos ateos apoyan el matrimonio homosexual, el aborto y el uso de la droga. Estas personas no solo consumen cada vez más medios para validar sus puntos de vista, sino que también son probablemente los mayores creadores de los medios hoy en día. Si toma la mayoría del creador de cualquier programa, más del 50% del tiempo son hombres blancos que crecieron en un hogar cristiano o católico y abandonaron a Dios. Luego vierten sus puntos de vista e intereses en las artes que crean, contaminando a una generación de personas con el objetivo de conquistarlos a que piensen como ellos.

Vaciar de la Iglesia

La campaña de ateísmo ha sido fuerte contra el Judea cristianismo, pero los Musulmanes han sido fuertes después del ataque de Septiembre 11 por parte de la Fuerza Musulmana. Este número es un poderoso ejemplo.

De acuerdo con una estimación más reciente realizada en 2016, había 3,3 millones de musulmanes viviendo en los Estados Unidos, alrededor del 1% de la población total de EE. UU. Musulmanes estadounidenses de diversos orígenes y de acuerdo con una encuesta de Gallup de 2009, es uno de los grupos religiosos más racialmente diverso en los Estados Unidos.

La realidad no es PREJUICIO y no es paranoia cuando estamos conscientes de que ellos tienen como principal objetivo, decapitarnos.

No se infiltran en secreto, fueron nombrados oficialmente por un miembro del presidente del Partido Demócrata en la Casa Blanca.

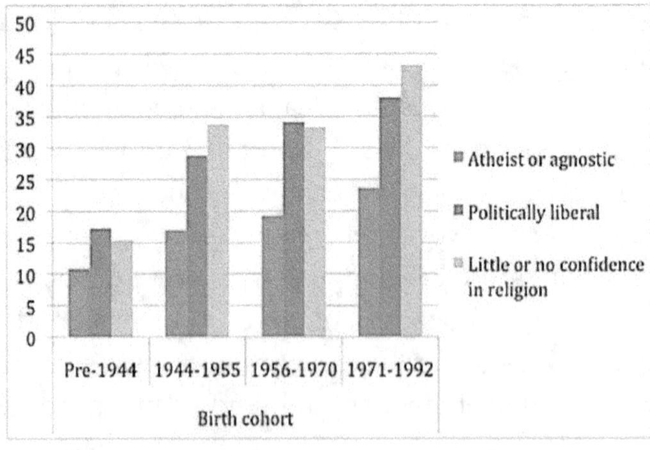

% of countries in each region that experienced government harassment or use of force against religious groups in 2015

Region	%
Middle East-North Africa	95%
Europe	89
Sub-Saharan Africa	83
Americas	80
Asia-Pacific	72

Source: Pew Research Center analysis of external data.
See Methodology for details.
"Global Restrictions on Religion Rise Modestly in 2015,
Reversing Downward Trend"

PEW RESEARCH CENTER

La campaña de ateísmo ha sido fuerte contra la cristiandad, pero los Musulmanes han aumentado la intensidad en busca de reclutar nuevos creyentes del Koran.

La lista de mezquitas en los Estados Unidos a partir de abril de 2015.

La cultura cristiana disminuyó y el musulmán aumentó... porque somos indiferentes, neutrales, excesivamente respetuosos con los comportamientos extranjeros.

El General de la KGB Igor Shafarevich uno de los directores de este macabro plan soviético contra Occidente, ordenó un estudio a la Academia de Ciencias de la URSS y al Instituto de Ciencias Sociales.

La cuestión principal del trabajo era para determinar la importancia de la religión en la Humanidad, y descubrió que todas las culturas que han atravesado la faz de la tierra han encontrado su colapso y desintegración cuando abandonan los conceptos religiosos que inicialmente eran el motivo por el que se habían unido.

Millones de personas han luchado, se han sacrificado, se han mantenido unidos con una moraleja e incluso han dado sus vidas por Dios, por fe, incluso los enemigos de la Fe, repitieron que "nadie ha visto, nadie ha probado que Dios, realmente existe, "sin embargo, todos sabemos que dos veces dos es cuatro, esta es una verdad objetiva, pero ninguna persona ha dado la vida por esta verdad.

Precisamente el valor de la Fe ha ganado millones de víctimas en toda la historia. Es por esta razón que el marxismo se esfuerza por llevar el ateísmo a su plenitud porque una vez desestimado, la falta de religión es un importante factor para destruir una sociedad. Muchos se preguntaran, por qué este afán destructivo con Estados Unidos. La respuesta es muy sencilla, la subversión debilita tanto como las explosiones nucleares, después de someter a un país a un plan subversivo, la fuerza militar necesaria seria mínima y las probabilidades de éxito de una ofensiva es sobresaliente.

http://www.pewresearch.org/fact-tank/2016/06/01/10-facts-about-atheists/
http://www.pewforum.org/religious-landscape-study/religious-family/atheist/
https://www.quora.com/When-did-atheism-start-to-become-mainstream-and-popular
https://www.quora.com/Why-is-atheism-growing
http://news.nationalgeographic.com/2016/04/160422-atheism-agnostic-secular-nones-rising-religion/
https://www.empty.church/

Capítulo 10

Punto Ocho: Crear una imagen pública que el sistema judicial actúa con prejuicios hacia las minorías raciales

Un sistema judicial cumple dos objetivos, castigar a los delincuentes y proteger a los inocentes. Si un sistema judicial se considera efectivo por sus ciudadanos, nace la confianza en la autoridad. ¿Qué razón hay para temer a la policía si ellos te defienden y son justos?

Desde la perspectiva subversiva, esta confianza se socava fácilmente. Al prestar gran atención de los medios a los casos que involucran a grupos considerados "víctimas de la sociedad ", crean una cultura que es más rápida para señalar que son inocentes, tal como los medios les dicen. Tomemos, por ejemplo, el caso de Michael Brown.

Un ladrón que robó una caja entera de tabacos y aparta a un empleado para entrar en su auto. Un policía le disparó después del altercado y su incumplimiento, lo que llevó a una guerra mediática nacional sobre por qué sucedió esto. En otras palabras, un ladrón que se resistió y fue agresivo con los oficiales, ha sido muerto, pero sólo se prestó atención a nivel nacional debido a su raza, no es criticable su conducta, para los medios es más importante destacar su condición de negro, miembro de una minoría y el policía blanco que se ensañó con la víctima, mucho más agresivo por ser negro que por el incumplimiento de la norma.

Este es uno de los muchos eventos que condujeron a los disturbios de Ferguson, una reacción de la comunidad afroamericana que se deriva de la desinformación y la identidad de las "víctimas" otorgadas por los medios. Esto, a su vez, causa números increíbles no solo de afroamericanos, sino que todos los ciudadanos estadounidenses desconfían de la policía a un ritmo alarmante y, por extensión, del sistema de justicia.

El 36% de la población penal son negros cuando solo son el 14% de la población.

El 37% de los arrestados por consumo de drogas son negros, cuando solo son el 14% de la población.

28,4 % de los arrestos son negros, cuando solo son el 14% de la población.

¿Cabe preguntarse, son arrestados por la acción o por la condición racial?

Capítulo 11

Dependencia de los beneficios del Estado

Hay una gran coincidencia entre los recursos de la dependencia del bienestar social y el estereotipo prevaleciente del nivel de vida , ya que a menudo se considera que los beneficiarios de la ayuda estatal a largo plazo agotan los recursos públicos a los cuales no han contribuido , y se mantienen en un status de espera, siendo de hecho inactivos en buscar la mejor solución para obtener el bienestar necesario de manera independiente al los fondos del gobierno, de hecho, tratan de obtener beneficios cuando hay alternativas disponibles para ser independientes.

Esto contribuye a la estigmatización de los beneficiarios de la asistencia social. Si bien el estereotipo de un beneficiario de bienestar a largo plazo implica no querer trabajar, en realidad, una gran proporción de beneficiarios se dedican a algún tipo de trabajo remunerado, pero aún no puede llegar a fin de mes.

El concepto de la ayuda social es correcto, pero el objetivo de la subversión es hacer artificialmente dependiente a la población de la asistencia del gobierno, al igual que en los regímenes totalitarios tienen como principio la dependencia, a lo que el Estado puede facilitar, sembrando una falsa expectativa de esperanza absolutamente depositada en la solución que el gobierno ofrece.

La verdadera forma saludable de poner en buen estado a un país es tener el Derecho a la iniciativa individual de producir, vender y comprar de acuerdo con el poder de las principales leyes naturales y antiguas de la oferta y la demanda.

Para muchos idealistas el Socialismo genera una personalidad caracterizada por el altruismo, el amor al colectivo, en el que el hombre es activo y responsable de su familia.

Los críticos del Capitalismo dicen que la sociedad de consumo genera un hombre solo para satisfacer sus necesidades cada vez mayores que le llaman consumismo.

Consideran el altruismo y la caridad pública como rasgo ajenos al hombre del capitalismo. Las parejas son inestables y abandonan a los hijos.

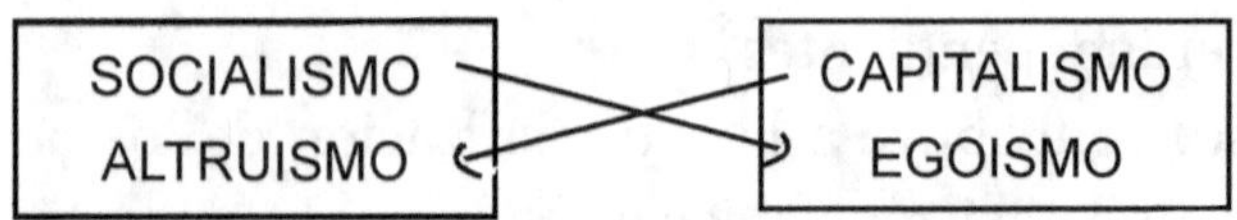

En la práctica se ha demostrado que sucede lo contrario.

El socialismo reduce la responsabilidad individual, crea la total dependencia del individuo al Estado como distribuidor absoluto, trabajando más o menos obtienes lo mismo, no hay posibles iniciativas para obtener ventajas. Las posibles iniciativas son ilegales, por lo cual todos los países con sistema socialista tienen la mayor tasa poblacional penal como por ejemplo Cuba con 580 prisiones y medio millón de presos comunes. El individuo deposita sus expectativas de mejoras en la benevolencia del Estado.

La imposibilidad de ser independiente siembra una inmadurez de la personalidad porque generación tras generación viven en la misma vivienda, porque no hay viviendas genera seguir bajo la tutela de los padres y el resto de la familia. La naturaleza del socialismo mismo no puede generar viviendas no solo por los recursos siempre escasos, sino porque todos estos factores que aparentemente son culpa del bloqueo imperialista, el sistema los crea para obtener el supremo producto 'el hombre nuevo" quien no adquiere independencia, ni madurez. La crisis de la adolescencia se extiende indefinidamente. Este egoísmo y esta dependencia son casi imposibles de superar. La dependencia degrada la personalidad.

El Capitalismo crea la meta de convertirse lo más pronto posible en un adulto maduro e independiente a través del estudio y el trabajo. La sociedad le facilita vivir independiente y ganar suficiente dinero para alcanzar sus metas. Lo contrario sucede en el socialismo o "estado benefactor" elimina esta posibilidad de manera radical. La subversión va introduciendo que ser responsable de uno mismo deja de ser una virtud, es algo que debe ser responsabilidad del gobierno facilitar salud, alimento, vivienda, etc.

Así es que el socialismo genera personas cada vez más egocéntricas y dependientes. Cuantos beneficios recibe del gobierno...salud, alimentos, educación, vivienda, transporte...cuanto recibe por descanso retribuido, cuanto tendré por licencias de maternidad o paternidad, cada uno de estos beneficios se convierte en un Derecho y este Derecho genera no sentir gratitud, rasgo muy importante porque cuando no hay gratitud, el individuo egocéntricamente se concibe como merecedor de todos los beneficios, como un Derecho innato. Sin Gratitud no hay Felicidad y sin gratitud no se puede ser una buena persona. Esta razón nos explica el por qué está ausente en el vocabulario en los ciudadanos del Socialismo la sentencia complementaria:" Gracias". Más bien, cuando reciben algo, preguntan a que más tengo Derecho.

El capitalismo ensena a trabajar duro y alcanzar las metas por el esfuerzo personal, conducta que ennoblece y enaltece la personalidad y desarrolla la responsabilidad sobre uno mismo. El capitalismo ensena a trabajar más y el socialismo ensena a crear expectativas pasivas de recibir promesas, el hombre del socialismo está lejos de ser activo y transformador como proclaman los teóricos marxistas. El socialismo crea a un hombre que trata de obtener más aportando menos.

Ref.

Archivos del autor

La Sovietizacion de Cuba y sus consecuencias

Cuba: Constitución y Leyes. Tortura y torturadores.

Resumen Psico-Social y Económico del resultado del Socialismo en Cuba (1958-2013)

Capítulo 12

Punto Diez: Control y Embrutecimiento impartido por los Medios

El Cuarto Poder, la Prensa se hace sentir, no hay forma de controlarlo, nos destruye, nos disminuye. La misma misión en sí mismo de la educación a todos los niveles ha involucionado, no hay tal educación, solo una ligera instrucción, para que las personas sean capaces de hacer un trabajo especifico. El concepto del perfil estrecho en la formación de los profesionales ha sido un desastre total. La pérdida de tiempo de dar instrucción a los niños y los jóvenes ha recaído en el interés de los profesores en trabajar menos, apoyados por sus "Santos Sindicatos". Parecen estar lejos de la meta de hacer generaciones de estudiantes capacitados para el bienestar de la nación.

Parte del motivo del creciente anti intelectualismo se puede encontrar en el estado de la educación en absoluto declive en los EE. UU y en las metas del Partido Comunista de Estados Unidos.

- Después de liderar el mundo durante décadas en edades de 25 a 34 años con títulos universitarios, EE. UU. Ahora ocupa el 12 ° lugar. El Foro Económico Mundial ubicó a los EE. UU. En el lugar 52 entre 139 naciones en la calidad de su instrucción universitaria de matemáticas y ciencias en 2010. Casi el 50% de todos los estudiantes graduados en ciencias en los EE. UU. Son extranjeros, la mayoría de los cuales regresan a sus países de origen, China, India y Rusia.

- El Consejo de Asuntos Públicos de Oklahoma encargó una encuesta de educación cívica entre estudiantes de escuelas públicas. Un sorprendente 77% no sabía que George Washington fue el primer presidente; no podía nombrar a Thomas Jefferson como el autor de la Declaración de Independencia; y sólo el 2,8% de los estudiantes realmente pasó la prueba de ciudadanía. En líneas similares, el Goldwater Instituto de Phoenix hizo la misma encuesta y solo el 3.5% de los estudiantes aprobaron la prueba de educación cívica;

• Según el informe del Consejo Nacional de Investigación, solo el 28% de los profesores de ciencias de secundaria obedecen consistentemente las directrices del Consejo Nacional de Investigación sobre la evolución de la enseñanza, y el 13% de esos profesores defienden explícitamente el creacionismo o el "diseño inteligente";

• El 18% de los estadounidenses todavía creen que el sol gira alrededor de la Tierra, según una encuesta de Gallup;

• La Asociación Estadounidense de Colegios y Universidades Estatales informa sobre educación muestra que Estados Unidos ocupa el segundo lugar entre todas las naciones en la proporción de la población de 35-64 años con un título universitario, pero el 19% en el porcentaje de personas de 25-34 años con un asociado o diploma de escuela secundaria, lo que significa que, por primera vez, el logro educativo de los jóvenes será menor que el de sus padres;

• De acuerdo con la Evaluación Nacional de Progreso Educativo 2009, el 68% de los niños de escuelas públicas en los Estados Unidos no lee con soltura cuando terminan el tercer grado. Y los EE.UU. News & World informaron que apenas el 50% de los estudiantes están listos para la universidad - lectura de nivel cuando se gradúen;

• Según una encuesta de 2006 de National Geographic-Roper, casi la mitad de los estadounidenses entre 18 y 24 años no cree que sea necesario conocer la ubicación de otros países en los que se están realizando noticias importantes. Más de un tercio considera que "no es importante" conocer un idioma extranjero, y solo el 14 por ciento lo considera "muy importante";

- Según el informe de National Endowment for the Arts en 1982, el 82% de los graduados universitarios leen novelas o poemas por placer; dos décadas después solo el 67% lo hizo. Y más del 40% de los estadounidenses menores de 44 años no leyeron ni un solo libro (ficción o no ficción) en el transcurso de un año. La proporción de 17 años en un ano no leen nada (a menos que requerido por la escuela) se ha duplicado entre 1984 a 2004;

- Gallup publicó una encuesta que indica que el 42 por ciento de los estadounidenses todavía creen que Dios creó a los seres humanos en su forma presente hace menos de 10.000 años;

- Un estudio de 2008 de la Universidad de Texas encontró que el 25 por ciento de los profesores de biología de escuelas públicas creen que los humanos y los dinosaurios habitaban la tierra simultáneamente.

Existe una profesora de high school que consideraba que las rayas que se hacen el cielo es un contaminante que nos envía el gobierno diariamente para que estemos enfermos...asombroso razonamiento.

En las escuelas estadounidenses, la cultura exalta al atleta y a la animadora de grupo. Los estudiantes bien educados, bien vestidos e intelectuales son comúnmente mencionados en las escuelas públicas y en los medios como "nerds", "dweebs", "dorks" y "frikis", y son acosadas e incluso asaltadas por los "deportistas" más populares porque demuestran su desprecio a cualquier manifestación de intelecto o refinamiento en los comportamientos, sean higiénicos, estéticos o de protocolo gastronómico.

Estas actitudes anti-intelectuales no se reflejan en los estudiantes en la mayoría de los países europeos o asiáticos, cuyos niveles de educación ahora se han igualado y sobrepasará al nuestro.

Un ligero análisis comparativo de cómo era el periodismo hace 25 años y lo comparamos con el actual, encontramos que los periodistas antes cuestionaban al entrevistado para que facilitara el máximo de información en el menor tiempo posible para que llegara a los receptores del mensaje la mayor cantidad de información posible con preguntas concretas y eficientes, pero en los últimos tiempos prevalece un estilo donde el entrevistado habla menos que el entrevistador. Una serie de rejuegos como paneles de preguntones estúpidos y comentarios absurdos, y la introducción del periodista consumen y bloquean lo que el portador y emisor verdadero de la información hace que solo consuma menos del 25% del tiempo en el aire.

En general la tendencia de este "moderno estilo" conspira con la subversión ideológica para facilitar a que las masas estén cada vez menos informadas.

Qué ofrece Facebook

Chamath Palihapitiya es una capitalista de Sri Lanka que jugó un papel importante en el desarrollo de Facebook. Empezó como un simple trabajador en Burger King y llego con su esfuerzo a un capital neto actual de casi $ 1 billón de dólares.

En una charla abierta en la Universidad de Stanford dedicó una parte de su tiempo a explicar el cambio masivo que Facebook ha tenido en las interacciones sociales entre personas, de lo que siente responsable y lo lamenta profundamente.

Llamó al usuario moderno de redes sociales un "adicto a la dopamina" que solo es capaz de ingerir pequeños datos a la vez y de evento agradables.

Con este acortamiento de la capacidad de atención, el hombre moderno está mucho más abierto al engaño y a la desinformación de los medios en general. Escandalosos, titulares incendiarios son lo único que un número sorprendente de nuestra población tiene tiempo para leer y que no pueden asimilar y mucho menos acomodar en su sistema cognitivo individual.

Toman estos pedazos de información y terminan creyendo todo lo que leen, sin analizar, ni comparar y lo creen. Esto es lo que George Orwell temía. " Una nación de ovejas gobernada por lobos " .

Opiniones de la Ciencia Psicológica
sobre Facebook

http://www.plosone.org/article/info%3A-doi%2F10.1371%2Fjournal.pone.0069841#s3

Vía | "Europa Press": http://www.europapress.es/ salud/noticia-uso-facebook-puede-estar-asociado-disminucion-felicidad-20130816105420.html

Facebook mejora nuestra autoestima

Según Jeff Hancock, co-autor del estudio publicado en la revista Cyberpsychology, Behavior and Social Networking junto con Catalina Toma, Facebook se ha descubierto como un instrumento útil para conservar la autoestima porque nos permite mostrar a los demás las características personales y las relaciones a las que damos más valor. Este no es más que una conducta puramente superficial y exhibicionista de que vean que bebo, que como y con quien lo hago... ¿para qué sirve?

Via | "Cornell Chronicle": http://www.news.cornell. edu/stories/2011/03/facebook-walls-boost-self-esteem-finds-study

Si eres adolescente, Facebook te puede provocar trastornos psicológicos

En una presentación realizada en la convención anual de la American Psychological Association, Larry D. Rosen, profesor de psicología en la California State University, realizó una exposición acerca de los efectos tanto positivos como negativos de usar Facebook. En ella, resaltaban con diferencia los segundos por sobre los primeros. Un ejemplo: los adolescentes que usan Facebook más a menudo muestran tendencias narcisistas y los adultos jóvenes que tienen una fuerte presencia en la red social muestran más signos de otros trastornos psicológicos como conductas antisociales y tendencias agresivas.

Vía | "ScienceDaily":http://www.sciencedaily.com/ releases/2011/08/110806203538.htm

h2. Facebook te hace sentir menos solo

Un profesor de psicología de la Universidad de Arizona, Matthias Mehl, llevó a cabo un estudio que arrojó como resultado que aquellos que actualizaban con mayor frecuencia su cuenta de Facebook se sentían menos solos ya que esta actividad les llevaba a percibir que estaban más conectados socialmente.

Vía | "The Huffington Post":http://www.huffingtonpost.com/2013/08/30/facebook-loneli-nessn3839003.html

h2. Facebook mejora nuestra autoestima, pero disminuye nuestro autocontrol

La Universidad de Pittsburgh y la Columbia Business School publicaron un artículo en el cual mostraban las conclusiones sacadas a través de cinco estudios diferentes. Estas nos decían que el uso de Facebook incrementa la autoestima, pero solamente en aquellos que tienen lazos fuertes con sus contactos en la red social y cuando el usuario se enfoca en la información que da a conocer a los demás. Este incremento producía al mismo tiempo un descenso en la capacidad de autocontrol.

Vía | "EurekAlert!":http://www.eurekalert.org/pub_releases/2013-01/cbs-snm011413.php

h2. Facebook hace que se despierte nuestra envidia y nos hace sentir solos

Según una investigación realizada por dos universidades alemanas (Humboldt University y Darmstadt's Technical University), una de cada tres personas se siente mal y más insatisfechas con sus vidas tras visitar la red social, algo que afecta más a aquellos que se limitan a navegar por Facebook sin publicar nada. ¿La razón? Pues la envidia, que a la vez genera frustración, soledad o amargura.

Vía | "Reuters":http://www.reuters.com/article/2013/01/22/us-facebook-envy-idUSBRE-90L0N220130122

h2. Tener más amigos en Facebook hace que nos estresemos más

Facebook nos incentiva para que nos hagamos amigos de todo el mundo que nos encontremos (con un límite, claro: 5.000 amigos), pero según un informe de la University of Edinburgh Business School, cuantos más amigos tengamos, más estresados nos sentiremos. La razón es simple: sentimos que tenemos más posibilidades de meter la pata y ofender a alguien con nuestros mensajes o con la exhibición de nuestro comportamiento.

¡Vía | "EurekAlert!": http://www.eurekalert.org/ pub_releases/2012-11/uoe-mff112612.php

h2. Nuestros amigos en Facebook influyen en cómo nos sentimos

En este caso, el estudio proviene directamente de Facebook y se refiere al contagio emocional que se produce a través de las publicaciones en la red social. Parece ser que lo que publican nuestros amigos influyen más de lo que pudiera parecer en cómo nos sentimos. Una actualización de estado que usa términos positivos provoca actualizaciones también con términos positivos. Y si en vez de positivos, los términos empleados son negativos, ocurre lo mismo.

Tomado de:| "ReadWrite":http://readwrite. com/2012/02/10/studyyourfacebookfriendsinfluence- howyou_feel

Facebook exacerba los sentimientos de soledad
y aislamiento

Un estudio de la Universidad de Stanford, compuesto por cinco experimentos, concluye que las personas cometemos sistemáticamente errores a la hora de percibir las vidas emocionales de los demás, subestimando las experiencias negativas de nuestros contactos y sobrestimando las positivas, lo que ocasiona sentimientos de soledad e insatisfacción.

Vía | "Time":http://healthland.time.com/2011/01/27/ youre-not-alone-misery-has-more-company-than- you-think/

h2. El uso excesivo de Facebook puede hacer
que rompamos con nuestra pareja

Según un estudio liderado por Russell Clayton, un estudiante de doctorado de la facultad de periodismo de la Universidad de Missouri, aquellos que usan Facebook en exceso son más propensos a tener conflictos con su pareja que estén relacionados con la red social. Además, suelen tender a contactar con parejas anteriores, lo cual puede llevar a situaciones de infidelidad.

Vía | "EurekAlert!":http://www.eurekalert.org/pub_ releases/2013-06/uom-efu060613.php

h2. ¿Podemos sacar conclusiones de todo esto?

A la hora de seleccionar los artículos, he intentado que fuesen una muestra variada de lo que nos podemos encontrar en este terreno. Sin embargo, si os fijáis, la mayoría son de carácter negativo. Si hacemos una búsqueda en Google con los términos "Facebook study", nos encontraremos con que son precisamente este tipo de estudios los que reciben una mayor cobertura mediática.

La Subversión Cibernética de Rusia y Cuba contra los Estados Unidos

Con un nombre clandestino la Inteligencia rusa les denomina "las granjas Troll" son grupos de oficiales expertos en informática financiados por el gobierno ruso y cubano para dividir América políticamente utilizando las redes sociales. Los anuncios se crean con el único propósito de polarizar al lector en una posición de extrema derecha o en una posición igualmente de izquierda. El efecto de esto es provocar controversia y comentarios incendiarios en las mentes de los ciudadanos estadounidenses.

El Comandante de la Revolución Ramiro Valdés Menéndez, dos veces Ministro del Interior está a cargo de un nuevo Ministerio, llamado Informática.

Esta Ministerio de Informática s tiene cientos de Ingenieros que controlan los medios de comunicación, la piratería informática, virus, caballos de Troya, malware,etc.

Lejos de ayudar a la Información del ciudadano lo llevan a la profunda ignorancia. Cumpliendo una vieja regla, el nombre de las instituciones en el socialismo hacen lo opuesto a lo que deben hacer...la libreta de abastecimiento es para limitar el abastecimiento, el Comercio Interior es para eliminar el comercio, la informática es para que vivas menos informado y más controlado.

Consolidando aún más la noción creciente de una América problemática y disociada con el único propósito de crear solo más caos político.

Si antes tenías alguna duda sobre la subversión, esto es nada menos que una prueba en bruto.

Capítulo 13

Punto Onceno: Fomentando el colapso de la Familia

La familia es un símbolo, es una base sólida y la célula principal de la sociedad. Descartar el rol del estado y las reglas de la familia es crear la destrucción de la estructura fundamental de la sociedad, dejando un vacío para que los miembros de esta sociedad no sean representantes dignos de esta identidad, con una orientación para cumplir cierto patrón de conductas, sin una raíz que marque su origen.

El sexo libre, la abolición del matrimonio legal y el establecimiento un nuevo tipo de parejas sin responsabilidades civiles con los niños ni la madre, ni el padre, vivienda, alimentación, educación, guía espiritual, ropa, zapatos, asistente médico y dental.

Probablemente, la nueva generación que creció bajo esta condición estará muy cerca de ser una persona casi salvaje, las normas morales cada vez se borran de la conducta cotidiana. Este nuevo ciudadano es el elemento perfecto impulsado por un régimen totalitario.

Mensaje muy especial de los comunistas a las nuevas generaciones que más podemos esperar para detenerlos cuando proclaman...

"Matar a toda la gente rica. Romper sus carros y apartamentos. Llévale la Revolución a sus hogares y mata a tus padres"

Bill Ayers, Ideólogo del presidente Obama.

Esta sentencia es muy significativa no por el contenido y por la proyección que orienta el Partido Demócrata, no muy escondido en sus planes de subvertir el orden social de nuestro país.

La influencia de Bill Ayers no solo en la persona de Barack Obama que durante 8 largos anos destruyo a nuestro pais y al resto del mundo, es facilmente detectable en la via que lleva nuestra sociedad cuando las 45 metas del Partido Comunista y los Once Puntos de la

Escuela de Frankfort se materializan en el Partido Democrata y su nuevo liderazgo, fuertemente asociado a la Casa de Maryland.

BARACK OBAMA LIED ABOUT HIS ASSOCIATION WITH BILL AYERS. This photo of Barack Obama and Bill Ayers is from a Nov. 25, 1997 copy of the University of Chicago's "Chicago Maroon", when they were serving on a juvenile justice panel

La foto nos muestra a Bill Ayers y al ex Presidente Obama quienes compartieron durante mucho tiempo la oficina desde donde expandian el trabajo subversivo en un Panel de Justicia Juvenil. Foto tomada en Noviembre 25, 1997 en Chicago.

Capítulo 14

¿Por qué Cuba?

Nikita Khrushchev refuerza la Subversión Política e Ideológica en América para emplazar las fuerzas armadas soviéticas en el continente americano y atacar a los Estados Unidos.

El ataque por sorpresa era el objetivo soviético preciado, pero no tenían suficiente potencia de cohetes para hacer la guerra a Estados Unidos con algunas probabilidades para obtener una victoria pírrica.

El antiguo imperio ruso tenía el sueño de tener un territorio en el continente americano. El poder bolchevique comenzó a trabajar en esta dirección cuando envió a Cuba un alto oficial de la NKVD llamado Nicola Sinjotovich, en 1922. Después de algún tiempo uno de sus nombres fue Fabio Grobart (Juan Blanco), él utilizó nombre falso en once diferentes momentos en 35 años, para hacer su labor clandestina de subversión política e ideológica en Cuba.

Apoyándose en una organización política constituida desde los mismos comienzos del siglo XIX encabezado por Carlos Balino, a quien años después falsamente lo muestran como segundo líder del Partido Revolucionario Cubano. Carlos Balino funda el Partido Comunista nutriéndose de miembros de organizaciones con puntos de vista semejantes a la línea marxista de enfrentamiento y lucha de clases para tomar el poder de la nación por la clase obrera.

Si miramos un poco detrás, durante el Poder Español en la Isla, muchos hijos de hacendados y dueños de grandes comercios fueron a estudiar a Francia, Inglaterra, Alemania y España y allí estuvieron en contacto con las ideas filosóficas y políticas de los marxistas, anarquistas y otras corrientes políticas, al regresar a la Isla, estas ideas llamaban la atención de otros jóvenes que por imitación aceptaban las nuevas ideas y las hacían suyas, como una forma un poco superficial de estar en la moda o a la altura de los privilegiados que habían estudiado en centros docentes muy prestigiosos de Europa.

Los profesores universitarios y las próximas generaciones de estudiantes fueron guiadas en esta dirección por los comunistas y los anarquistas llevando estas ideas a los Sindicatos del Azúcar y el Tabaco dentro de la Isla y en Tampa, se anexan al Partido Comunista. Se introducen en la nueva Constitución, la monstruosa "Clausula" de la Autonomía Universitaria para convertir a los estudiantes en un alfil del partido comunista.

Durante la campaña contra el presidente Gerardo Machado quien había orientado a Cuba por una senda de desarrollo económico muy exitoso, pero el Partido Comunista no podía soportar la comparación de la hambruna y la miseria en la URSS, en contraste con el auge económico y tecnológico de Cuba, elevándola por encima de todos los países del área y muchos de Europa como la propia España, Italia, Grecia, etc. muy lejos de los países del área. Moscú, decidió subvertir a Cuba, a través de su red de espías, estableció una resistencia feroz llevando al país a un caos y desorientación creado por la técnica subversiva soviética y deponen al presidente Gerardo Machado.

La violencia que sacudió al país, llevo la justicia para algunos militantes, ellos fueron juzgados y sentenciados por los homicidios y daños a las propiedades públicas.

Fabio Grobart, como jefe de la red de la KGB en Cuba con Blas Roca y Víctor Pina Cardoso durante casi dos años estuvieron juntos en el Castillo del Príncipe cumpliendo las condenas impuestas, pero desde allí planearon un plan de grandes dimensiones con el objetivo de subvertir a Cuba y sumarla como una 'Posta Avanzada" de la URSS en el patio de Estados Unidos.

Una vez fuera de la prisión, Víctor Pina recorrió un largo viaje lleno de aventuras políticas: Golpes de Estados en Centro y Sur América cumpliendo misiones asignadas por el Movimiento Comunista como fachada publica de la KGB, organiza el Batallón Internacionalista "Abraham Lincoln" reclutando intelectuales comunistas en Estados Unidos, Francia, México, Cuba, etc. Participa en la Guerra Civil Española, cuando esta termina regresa al mundo árabe y el Gran Muftí, lo introduce en el gobierno alemán, quienes lo entrenan y lo destinaban como Comandante de una Unidad de Asalto en el Norte de África.

Con el grado de Kommander y asume la Jefatura de una División de Infantería compuesta por soldados árabes en el Cuerpo de Ejército África Corp. bajo el mando del Mariscal Erich Rommel.

Abandona el Ejercito Aleman. Organiza la Resistencia Francesa, al terminar la Guerra regresa a Cuba, tiene un hijo llamado Victor Pina Tabio. Contacta al Coronel Juan Domingo Peron y organiza una accion politica contra Estados Unidos en Colombia en 1948, para demostrar el supuesto rechazo a los Estados Unidos en su intento de levantar el nivel economico e industrial de America del Sur. Si participa en el Plan Marshal para reconstruir Europa despues de la Guerra. La KGB frustra el intento de Estados Unidos de unir a los paises de America del Sur para participar en el desarrollo de la agricultura, la ganaderia y las industrias para la reconstruccion de la Europa de la Post-Guerra. Regresa a Egipto con sus viejos alumnos los ayuda en el Golpe de Estado contra el Rey Faruk en El Cairo, siendo Jefe del Batallon Suicida que toma el Palacio. Deponiendose la monarquia por un regimen progresista y pro sovietico encabezado por el Teneinte Gamal Abdel Nasser.

Regresa a Cuba y va con Raul Castro a Moscu a una reunion con Nikita Khruschev para comenzar un nuevo Plan Suversivo llamado Operación Jovenzuelo para tomar a la Isla de Cuba por las fuerzas sovieticas.

DESMORALIZACIÓN
DESESTABILIZACIÓN
CRISIS
NORMALIZACIÓN

Cuatro Etapas de la Subversión Política e Ideológica Los Sovieticos desarrollaron para multiplicar la extension territorial de Rusia, no solo a golpe de sable de caballerií la conquista de un inmenso territorio de decenas de naciones en Europa y Asia. Estos llamados carinosamente "procesos revolucionarios" se instalan a traves de estas cuatro etapas que no son fáciles de identificar, pues están creadas de manera artificial y al ciudadano común "involucrados" en ellas, al observador le resulta muy difícil comprender que no sean reales y creadas por una fuerza que pugna por tomar el Poder para mejorar la situacion politica y economica de su sociedad, pero en realidad son un espejismo para que esperes al final encontrar el "oasis prometido". Este esquema se ha repetido y se seguira haciendo en todas las latitudes y longitues del planeta, con una precision matematica.

I La justificación de los supuestos errores y crisis artificiales creadas para radicalizar y reforzar el poder tiene como objetivo ideológico secundarios crear como culpables a los enemigos de clase de todas las desgracias, malignidades y atropellos y que han estado sometidos por anos.

Destacar que los que "tienen" han estado han sido "aliados" de los enemigos externos, casi siempre calificados con la categoría de "Imperios" ya sean Alemanes,

Ingleses, Americanos, o las clases económicamente potentes como oligarquía, plutocracia, burguesía, capitalistas, etc.

La crítica constante de la organización de los tres Poderes (ejecutivo, legislativo y judicial) va creando el camino futuro para aceptar más tarde que un gobierno simple y sencillo de un líder representativo del interés de los que "no tienen", es la mejor y la sabia decisión de las masas. El Líder máximo ha sido creado artificialmente bajo la supervisión y apoyo de fuerzas exteriores muy ocultas, llamada la KGB.

Esa inoculación del anticuerpo ideológico evita tener enemigos activos del poder unipersonal generado por la Revolución.

Operación Subversiva de la KGB "Jovenzuelo" Julio 26 de 1953. Cuba.

En Junio de 1953, Victor Pina utilizando la fachada de un Festival de la Juventud en Europa, lleva a Raul Castro a Moscu clandestinanamente para recibir instrucciones directas del propio Nikita Khruschev para el Plan Subversivo que comienzaria el 26 de Julio de ese mismo ano, con un ataque al Cuartel Moncada y la matanza de 10,000 cubanos durante las Fiestas de Carnaval en la Ciudad de Santiago de Cuba, con la ayuda de un grupo de 600 hispano-sovieticos que esperarian la orden de desembarcar desde un barco cargado de cemento, llamado Zora, de bandera liberiana (sovietica), surto en el puerto de la ciudad. Este suceso llamado Asalto al Cuartel Moncada, es el debut del Plan de Subversion en su etapa de Desmoralizacion.

Durante la noche debian asesinar según la orden de Nikita a no menos de 10,000 personas durante los Carnavales, culpar al Ejercito Nacional y esto seria suficiente para que tropas Sovieticas ocuparan la Isla, para "pacificarla", según el Plan de Nikita.

Nicolai Leonov fue asignado por Nikita Khuschev para ser asesor permanenete en la Isla y dirigir las operaciones desde la vida clandestina, fundamentalmente escondido en dos puntos Menocal, cerca de Cienfuegos y Cayo Coco al Norte de Camaguey.

El asalto al Cuartel Moncada, fue un rotundo fracaso, los asaltantes no lograron la sorpresa de la cual dependia la entrada al cuartel, fueron detenidos y juzgados por un Tribunal de Urgencia, sentenciados a varios años de prisión, posteriomente las campañas politcas para desmoralizar el Gobierno y hacer que diera Libertad a los sentenciados por asesinar a los militares y civiles el 26 de Julio de 1953, en menos de dos anos fueron puestos en Libertad para que participaran en la elecciones libre que pronto comenzaria el proceso electoral, Fidel Castro se nego a participar en las elecciones y amenazo con tomar la Isla militarmente con una expedicion desde Mexico.

Fotos de Pina en Mexico, en Sierra Maestra y en Comision Warren.

La KGB brindó todo tipo de ayuda para llevar la expedición del Granma, que desembarca el Diciembre 2, 1957, al Sur de la Sierra Maestra.

Nicolai Leonov se despide del Comandante Raul Castro en la Sierra Cristal, durante el año 1958. Ejemplo de la Injerencia Sovietica en los Asuntos Internos de Cuba.

El Plan y todo el apoyo necesario estuvo a cargo de la KGB, a traves de Nicolai Leonov, en Mexico y Jack Ruby en Estados Unidos.

1957

Victor Pina in the Sierra Maestra with fake beard and his escort behind "Whitey" of the KGB, this photo was taken moments before the murder of Eutimio Guerra, a local farmer. At this very moment the Soviet Ambassador in Mexico, offered the Cuban Ambassador to eliminate Castro if Cuba agreed to diplomatic relations with the USSR ...

Eduardo Fernandez, who arrived aboard the first submarine to plant Radio Transmission and Reception. Passing an encrypted message to the Mexican KGB center. ☺

Captain Victor Pina (Eusebio Lopez Azcue) consul of Cuba in Mexico impersonated Jack Ruby in Texas, identification by Ed Prida Aug, 2017

Victor Pina en la estación de Policia de Dallas la noche que Jack Ruby silencia a Lee Harvey Oswald. La segunda foto Abelardo Colome Ibarra y Emilio Aragones en la escena del crimen justamente al lado de JFK al paso de la caravana. Alguien podra dudar que Cuba y la URSS no participaron directamente en el diseño y apoyo de la operación de los Havana's Cuban Boy que dieron muerte al Presidente JFK.

El mismo, Coronel de la KGB Nicolai Leonov que vemos una y otras vez en los hechos mas trascendentales, sangrientos y tenebrososo de nuestra Historia. Ahora en la Sierra Cristal, mas tarde supervisando el asesinato de JFK en la Embajada Sovietica en Mexico en Noviembre 22 de 1963 a las 12:30 pm junto a Victor Pina.

La Guerra creo una desestabilizacion, como segunda estapa del Plan Subversivo "Jovenzuelo" en la nacion cubana, hasta llevarla al proximo escalon,a nivel de una Crisis,con una guerra civil, subversion, terrorismo y con el apoyo de la red de la KGB en Estados Unidos, uno de ellos fue Jack Ruby como aprovisionador de armas de Infanteria a traves del Sur de la Florida y New Orleans y dentro del Departamento de Estado tales William Williamson quien anos despues fue detectado por investigaciones del Senado. La infiltracion de la KGB dentro del Gobierno de la Isla, y en especial dentro de la Fuerza Aerea como Enrique Carreras, Felix Castro San Roman, Alvaro Prendes, Ricardo Cortina, Douglas Rudd y otras.

Este entramado de Inteligencia dentro del Gobierno junto al trabajo clandestino del Partido Socialista Popular dentro de muchas de las organizaciones que ellos habian estado creando durante anos como la FEU, la CTC y otras organizaciones gremiales llevaron a la perdida de Control hasta alcanzar la ausencia de control del orden interno y la ingobernabilidad del Estado y el Ejercito Nacional; logran firmar, la rendicion, que fue mas bien una renuncia del Gobierno democraticamente elegido a mantener una guerra fraticida, lo que conduce a que los Sovieticos representado por las hordas rebeldes toman el Poder total de la Isla, el Primero de Enero de 1959.

Plan básico para Lavar Cerebros, puesto en marcha en coordinación con Anastas Mikoyan, Vice Premier de la URSS, estaba en la Embajada Soviética en México a la que asistieron el comandante Ramiro Valdés y el Capitán Víctor Pina Cardoso y el comandante Osvaldo Sánchez.

Todo estaba planificado, Mikoyan en México con una exposición comercial que después desvía a Cuba para hacer el contraste con los americanos, que nos negaban el petróleo y la cuota azucarera y los soviéticos regalaban como buenos y generosos amigos.

En esa Feria de Productos expuesta en el Palacio de Bellas Artes no hubo ningún producto a la venta, todo era regalos de cortesía, relojes de pulsera, bombones de chocolate "Osito" cámaras fotográficas
Inventar un Enemigo histórico y explotador.
Introducir un "AMIGO" mágico y benefactor
Disminuir la autoridad de los padres
Radical cambio en los programas de Educación
Cambiar la moneda circulante
Prometer cambios para crear expectativas y confusión
Sexo Libre e Inter racial
Promover consumo de alcohol y drogas
Obligar al ateísmo
Fomentar la familia disfuncional
Dependencia al Estado
Control de la Información
Crear enfermedades crónicas, epidemias humanas,
Disminuir la capacidad habitacional
Disminuir la capacidad de movimiento de los ciudadanos

La exitosa campana subversiva sovietica en Cuba ha sido dirigida clandestinamente por Fabio Grobart, Victor Pina (KGB) y Blas Roca, utilizando como "decorativo a Fidel Castro y al Moviemiento 26 de Julio" con el codigo de la KGB "agente Sombra" del grupo Zorro del Caribe.

El fue impuesto como lider de un movimiento popular independiente con intensiones de restablecer los Poderes Constitucionales en elecciones libres lo mas pronto posible.

La Operación subversiva soviética "Jovenzuelo" que había comenzado en Julio de 1953, ahora avanzaba a toda máquina para la etapa de la Radicalización, en el año 1960 para garantizar el poder absoluto del gobierno a través la eliminación de todos los "tontos útiles" que habían servido a tomar el poder bajo engaño que se luchaba por restablecer una democracia derivada de la mal llamada "progresista" Constitución de 1940.

Con el proceso de la Radicalización se considera terminada en octubre de 1960 con el Poder absoluto del Gobierno y las Fuerzas Armadas en diciembre de 1961, cuando han sido "eliminados" por medio de accidentes aéreos, enfermedad, suicidios o presos los "tontos útiles que habían luchado sin saber que luchaban para el comunismo soviético".

Las medidas administrativas y políticas para tomar el poder total o la radicalización del proceso subversivo fueron entre otras, cambio de la moneda nacional, dejando a la población sin dinero en efectivo, nacionalización de los negocios privados, reposición del 50% de los medios de transporte privados (autos y camiones), todas estas medidas están el proceso de la Radicalización dentro del esquema subversivo, como última parte que garantiza el poder totalitario. En el terreno ideológico se llevó al campo a los estudiantes para la supuesta alfabetización que fue una campana de regar "ojos, oídos y lenguas" de la Revolución por todos los llanos y montañas de la nación. Promesas de electrificación y eliminar los bohíos y sus letrinas.

BI Crearon las condiciones para hacer un conflicto con el petróleo al no pagar a la compañía Shell las entregas de petróleo, pero este evento mercantil fue el detonador de una gran explosión de argumentos contra los Estados Unidos y la manipulación de la escena política internacional y domestica con manifestaciones populares contra los Estados Unidos y creó las condiciones para una atmosfera agresiva, retando a los Estados Unidos con nacionalizar las refinerías porque el petróleo soviético ya estaba garantizado..

El "bloqueo imperialista" justificaba la desaparición de diferentes artículos importantes de los diferentes renglones de bienes de consumo, materias primas y repuestos para el transporte de los supuestos errores y crisis artificiales de alimentos, medicinas y todos los artículos de consumo creadas para radicalizar y reforzar el poder, tiene como objetivo ideológico crear como culpables a los enemigos de clase de todas las desgracias, malignidades y atropellos y que han estado sometidos por años.

Destacar que los que "tienen" han sido "aliados" de los enemigos externos, casi siempre calificados con la categoría de "Imperios" ya sean alemanes, Ingleses, Americanos, o las clases económicamente potentes como denominados oligarquía, plutocracia, burguesía, capitalistas, etc.

Segunda Operación Subversiva

La próxima etapa fue denominada por los soviéticos como "Posta Avanzada" o Cabeza de Puente y comenzó cuando se alcanzó la Radicalización en octubre de 1960 de la Operación Jovenzuelo, el evento más significativo fue la salida de escena de muchos altos oficiales del Ejército Rebelde en solo tres meses. (agosto, septiembre y octubre de 1960)

Este nuevo Plan fue codificada como "Posta Avanzada" se ejecutaría en 15 años, hasta octubre de 1975, cuando celebran el Primer Congreso del Partido Comunista de Cuba.

Este periodo se caracterizó por el peligro de los constantes retos y agresiones a los Estados Unidos, Bahía de Cochinos, la Crisis de los Misiles, sabotajes, terrorismo y subversión dentro de Estados Unidos y el atentado al presidente JFK, subversión e injerencia con guerra de guerrillas en Asia, África y América del Sur.

El punto culminante es un suceso riesgoso para todo el planeta del siglo XX, cuando se emplazaron armas nucleares soviéticas en Cuba para atacar a Estados Unidos.

Internamente hubo una guerra civil con focos de resistencia en el área montañosa Escambray en el centro de la Isla, la cual necesito una movilización de más de 100,000 efectivos para combatir la insurgente guerrilla anti comunista que gracias al apoyo de los Estados Unidos pudo resistir.

Guerras y Guerrillas alrededor del mundo, miles de fusilados, ciento de miles de presos políticos y comunes, Cuba mantiene un sistema carcelario de 585 prisiones con casi medio millón de presos leyes de represión con penas máximas, ausencia de Constitución con garantías al ciudadano, erradicación de todas las propiedades individuales incluyendo la vivienda, arbitrariedades jurídicas de todo tipo. Destrucción total del sistema de producción agrícola y sustituido por absurdos planes como el Cordón de La Habana, La Brigada Che Guevara, los 10 Millones de Toneladas de Azúcar hasta exactamente los 15 años planeados para formalizarse como Estados Socialista miembro del CAME, del Pacto de Varsovia y formalmente con un nuevo Partido Comunista y una Constitución copiada de la Nacional Socialista Alemana del Tercer Reich Alemán y luego implantada en todos los países subordinados al Imperio Soviético como versión Comunista.

En los manuales de subversión el tiempo de radicalización es de 15 anos, el cual coincide exactamente de octubre de 1960 a octubre de 1975 los justos 15 años del proceso subversiva para culminar la Operación Posta Avanzada seguidos al pie de la letra enviados por el Imperio Rojo.

La Cuba ahora es solo un puesto militar soviético/ruso demostrado porque todo el tiempo la URSS la utilizo para amenazar a los Estados Unidos con un ataque nuclear sorpresivo, siendo además base de un sistemas de espionaje electrónico de Rusia, China e Irán, base de un sistema de modificación del estado meteorológico llamado Pronto Auxilio localizado en Güira de Melena, base de subversión política y cultural, recurso técnico y humano para guerras de interés geopolítico alrededor del mundo, apoyo diplomático incondicional, producción de armas de exterminio masivo, etc.

Otros libros de la colección "Inteligencia Política" como la Sovietización de Cuba y sus Consecuencias y The Havana's Cuban Boys in Dallas contienen cientos de pruebas documentales y fotográficas de la coordinación de la URSS y Cuba contra Estados Unidos para asesinar al presidente JFK.

Por los últimos 60 años, la URSS/Rusia mantienen la colonia del Caribe solo con un objetivo, la posición geográfica y su valor estratégico militar para emplazar armas de exterminio masivo y otros medios ofensivos, sin importarle la vida de los habitantes de la Isla.

Referencias:

Conversaciones privadas con el capitán Víctor Pina de 1959-1990

Conversación en privado con el Dr. Manuel Fernández Nodarse. médico forense. Militante del PSP infiltrate en la Policia Nacional como enfermero del Hospital de la Policia. Primer Jefe del Laboratorio Nacional de Criminalista. Primer especialista graduado en la URSS de Trazologia e Identification Criminal. Preso Político de la Causa Micro Fracción.

Entrevista grabada con el comandante Jaime Costa, asaltante del Moncada y expedicionario del Granma, Preso Político. Murió en Miami a consecuencia de las torturas recibidas durante su estancia en prisión.

Conversación con el Capitán de Servicios Médicos del MININT Cirujano y Pulmonólogo. Julián García Oliva médico forense Jefe de Servicios Médicos Ministerio del Interior (1959-1965) Medico Guerrillero.

Conversación privada con Celia Sánchez Manduley Consejo, Secretario de Estado de Cuba

Conversación privada con el Gral. José Abrantes el ministro del Interior (1978-1990) Muere en prisión por shock de sal al ano de estar preso.

Conversación privada con el comandante de la Revolución Guillermo García Frías.

Conversación privada con el Comandante Universo Sánchez Asaltante al Moncada y Expedicionario del Granma. Entrevista para la revista militar SEPMI

Conversaciones privadas con Alfredo Guevara presidente del ICAIC

Conversaciones privadas con Alicia Alonso directora del Ballet Nacional

Conversación privada con el comandante Juan Almeida Bosque Asaltante al Moncada y Expedicionario del Granma

Conversaciones en privado con Jorge García Bango Presidente del INDER

Conversaciones privadas con el comandante Aldo Margolles Vice Ministro del Interior y Vice Ministro de la Pesca.

Conversaciones privadas con Adolfo Méndez, Asesor de Ganadería del Ministerio de Agricultura. Miembro del 26 de Julio

Conversaciones con el comandante (G-2) Abelardo Colomé Ibarra en año 1961 y 1962.

Conversaciones privadas con el comandante Pedro Miret Prieto, asaltante al Moncada y expedicionario del Granma

Conversaciones privadas con el comandante Jesús Montane Oropesa, asaltante al Moncada.

Conversaciones privadas con Roberto Arias, Oficial del DSE G-2

Conversaciones privadas con Oscar Alcalde Asaltante al Moncada

Conversaciones con el Capitán Rolando Zamora, miembro del 26 de Julio

Conversaciones con el Capitán Ramón Gorgoy del Ejército Rebelde

Conversación privada con el General Francisco Tabernilla Palmero jefe del despacho del presidente de Cuba Fulgencio Batista.

Conversación en privado con el capitán Alfredo Saludé Secretario del presidente Fulgencio Batista.

Conversación privada con el Director de Cubana de Aviación Rolando Barros Cubana (1946-1972)

Entrevista grabada en video con el comandante Jaime Costa, asaltante al cuartel Moncada y expedicionario del Granma. Preso político y torturado gravemente.

Conversaciones con Capitán Emilio Aragonés Presidente del Instituto de la Pesca

Conversaciones en privado con el Capitán Alberto Bayo

Conversación en privado con el Profesor José Álvarez Ph.D Miembro del 26 de Julio

Conversaciones en privado con Joseph Raymond Molina, miembro de la Brigada 2506

Conversaciones en privado con Pedro Encinosa, miembro de la Brigada 2506

Los nuevos dueños...José Vives

Mi aporte a la Revolución Cubana Gral. Alberto Bayo Editorial Lex

Mi Hermano Fidel de Luis Conte Agüero Editorial Lex

La Cuba que dejamos Tte. coronel Esteban Ventura Novo

Etapas de la subversión política e ideológica

La Desmoralización consiste en operar un cambio en la percepción de los fenómenos sociales y políticos que imperan en el ambiente donde se desenvuelven los individuos de un país o una región geográfica. En otras palabras, es crear las condiciones para que las personas modifiquen y desarrollen actitudes u opiniones contrarias a las que tenían antes.

Cuando somos neutrales, permisivos o tolerantes con todas las propuestas del enemigo, perdemos esta batalla, el enemigo gana esta batalla muy fácilmente; pues, con esta actitud, no tenemos una conducta de oposición permanente y activa, y ya de entrada el enemigo ha vencido. Hacernos neutrales, es el objetivo número uno de la Guerra Psicológica, a través de "demostrar" que existe la corrupción.

Los comunistas pueden lograr el objetivo, en un período de tiempo de unos 15 a 20 años; basta con exponer a la ideología que profesa el enemigo a sucesivas generaciones destruyéndoles los marcos de referencia morales y psicológicos.

El señalar que existe fuera del alcance imaginativo del individuo algo que pudiera ser mucho mejor que lo que conoce, crea tensión motivacional y cognitiva, lo que conocemos como "Curiosidad" en el ciudadano.

Recordemos que las "mayorías" muy pocas veces en la Historia han tenido un liderazgo que en realidad las represente y las enfrente a luchar contra las minorías que por medio de la represión imponen su razón, así lo asimila el leninismo, el cual crea un Partido de una ínfima minoría para arrastrar a las masas a su conveniencia; así lo hizo el nazismo, una minoría arrastro el pueblo alemán a la guerra; así sucedió en Japón con los militaristas nipones, así sucede en todos los países totalitarios un mínimo Partido dirige y reprime a la inmensa mayoría, también sucede con los extremistas islámicos una minoría es capaz de asesinar y sembrar el terror mientras que una gran mayoría de los musulmanes quizás no sean extremistas como sus líderes.

Propician la inseguridad, a través del terrorismo, del caos económico, del desempleo, de la subida de los precios de los artículos de amplio consumo por la escasez inducida, de la crisis de bienes raíces, de manera activa y deliberadamente crean los eventos para manipularlos a su interés.

Por sólo mencionar algunos ejemplos de desmoralización podemos citar: el izar la bandera mexicana en las instituciones escolares en California; el asesinato del presidente Kennedy; el establecer una cátedra de filosofía marxista en una institución de enseñanza y el crear un club de fanáticos de Lenin o Che Guevara.

DESMORALIZACION

- **La desmoralización** produce un cambio en la percepción de los fenómenos sociales y políticos de los individuos de un país o una región geográfica, en otras palabras, es la "creación de manera artificial" de un estado cognitivo-emocional para que una población cambie sus actitudes y opiniones contrarias a las de antes.
- El enemigo gana esta batalla cuando logra que Ud. es ahora neutral con lo que antes rechazaba.

- Eventos que tienen como objetivo hacer perder la confianza en las instit nos defienden o protegen, Ejemplos:
  Atentados a JFK, RK, MLK
  Fracaso de Bahia de Cochinos
  Guerra en Viet Nan
  Sucesos de Watergate
  Atentado terrorista al US Cole
  Clinton-Lewinsky Romance
  Atentados terrorista del 9/11
  Homosexuales en las Fuerzas Armadas
  Deuda Publica astronomica
  Presupuestos gigantes
  Expropiaciones de Viviendas masivas
  Violaciones del espacio aereo por Russia
  Relaciones diplomaticas con Cuba
  Planes de Ensenaza manipulados
  Hostigamiento de Crisitianos en las F Armadas
  Decenas de Asesores Presidenciales Musulmanes
  Centenas de Ordenes Ejecutivas
  Ausencia de Itransparencia en la gestion de gobierno
  Profesores y Profesionales de tendencia izquierdista
  Medios masivos de tendencia izquierdista

Violaciones del Espacio Aéreo de Estados Unidos por bombarderos TU-95 de la Fuerza Aérea Rusa por 16 veces en 10 días. Diciembre de 2014.

La desmoralización tiene como función comenzar a desvalorizar, a desencantar al ciudadano medio de los pilares que soportan su sociedad.

Minan el prestigio de un ejército atacando a una guarnición militar por sorpresa y después con la ayuda de la prensa, exageran la respuesta de defensa contra los perpetradores del hecho como si fueran torturas; hacen emerger a un líder de oposición que denuncia una supuesta corrupción o injusticia y propone medidas nuevas para enmendar problemas que existen o que quizá ni existan, sólo para hacer que la población pierda la confianza en las instituciones que deben ser pilares del estado.

Como ejemplos de subversión ideológica, en los Estados Unidos se utiliza atacar de "tenebrosa a la CIA y de "cazador de Brujas al FBI", de falsos aluniza-jes de la NASA, publicando noticias que salen de las mesas de trabajo de las agencias de inteligencia ene-migas, o minar el prestigio de la religión con la propa-gación de información sobre la actividad lasciva de los sacerdotes.

En Cuba el asalto al Moncada fue un ejemplo de des-moralización contra el Ejército de Cuba.

Estos ejemplos son una de las formas de crear, poco a poco, neutralidad ante conceptos que antes defen-díamos, o en el caso contrario, lo que antes nos irrita-ba y maldecíamos, ahora lo vemos sin reacción alguna. Al convertirnos en neutrales, es cuando ya el enemigo nos ha tomado por completo. Su éxito radica en pene-trar en nuestra mente, en nuestra escala de valores, de cualquier naturaleza que esta sea, y lograr que al ver o exponernos a lo contrario no reaccionemos; e incluso hasta conseguir que haya personas que lleguen a decir "yo los respeto".

El núcleo esencial que arrastra a una sociedad hacia el enemigo está formado por los inadaptados sociales, los inconformes, los enemigos del sacrificio personal para obtener mejorías, los psicópatas y los sociópatas. A estos elementos los agentes enemigos los agrupan de tal forma que dándoles apoyo puedan impulsar sus ideas utilizando diferentes instituciones que les den prestigio y trascendencia como figuras sociales.

Con la ayuda de la prensa, los caracterizan como líderes, le dan legitimidad a las razones que exponen para que vayan cobrando respeto y fuerza; por eso, cada día más personas se afilian o militan en estos grupos. La KGB ha utilizado un patrón para seleccionar líderes que se basa, fundamentalmente, en escoger a aquellos que se distingan por su capacidad de mentir y hacer promesas, por su indolencia y por poseer un patológico egocentrismo. Esta etapa centraliza su actividad en las esferas de la economía, la familia y las fuerzas armadas.

La Desestabilización. Es la etapa en que se van profundizando y generalizando los cambios que se generaron en la etapa anterior y van tomando diferentes esferas de la vida social de un país, tales como:

La Religión. Destruir los conceptos y la moral religiosa, todas las civilizaciones y culturas se han desintegrado al perder la Religión que históricamente han profesado y se ha convertido en parte de su identidad. Una sociedad sin religión está en plena descomposición y próxima a desintegrarse. Este aspecto fue muy estudiado por la Academia de Ciencias de la URSS y llegaron a esta conclusión, por este motivo ellos la utilizan de manera fundamental.

La Educación. Se utiliza esta actividad a todos los niveles para preparar al nuevo ciudadano con conceptos aberrados y distorsionados sobre la Historia y la práctica social. En especial los planes de estudio instrumentados desde la más temprana edad tienen como objetivo esencial borrar las actitudes tradicionales de respeto y amor a los símbolos de la Patria, dibujar en las mentes una imagen distorsionada del sistema de gobierno y de justicia social que ha hecho grande a la nación, borrar la Herencia Histórico Social de la nación.

La Vida Social. Lograr que se haga una norma de comportamiento: depender y tomar ventaja de la ayuda del gobierno; el facilitar la actividad sexual desordenada para destruir el concepto de familia; dependencia a las drogas y al alcohol, considerar la homosexualidad como natural cuando en realidad es un trastorno psicopatológico de la personalidad que por muchas razones se ha convertido en una moda epidémica que afecta a la nació en varios aspectos como demográficas, legales y políticas; el darle vigencia legal a los inmigrantes ilegales llamándolos, eufemísticamente, "indocumentados", etc.

El concepto de multiculturalismo e inclusión considerados "políticamente correcto" hace muchos daños al concepto de nación, porque los inmigrantes deben incluirse en la sociedad americana aprendiendo su idioma y aprendiendo el modo de vivir, no importando los suyos al país que ellos escogieron para emigrar.

El favorecer estas causas tan peculiares, por los políticos mediocres ha contribuido mucho fomentar la creación de grupos que compartan estos intereses, con el fin captar militares activos entre ellos para su causa. Mientras más divisiones puedan crearse entre los estratos poblacionales, más fácil se le hace el trabajo al enemigo; ya que con cada otra capa social "creada" se producen más demandas de nuevos derechos, de nuevo estatus y de más división para romper el orden familiar, social y legal establecido en todos los niveles desde lo biológico hasta lo religioso. Este camino produce contradicciones o conflictos de intereses entre los ciudadanos parte también contribuyente a la subversión política e ideológica.

Las Estructuras Políticas las destruyen utilizando la participación democrática en el ejercicio del Derecho a Elegir, si aún existe en una democracia antes de fenecer, buscan a los más representativos de la corrupción para los diferentes niveles de dirección como hemos podido palpar en las últimas elecciones donde los más rabiosos anti americanos han resultado elegidos. Los candidatos preferidos serán siempre los que más se identifican con el enemigo para que sean capaces de facilitar el cambio que ellos necesitan.

La ayuda económica para dar la apariencia del apoyo popular siempre les sobra pero, tampoco se sabe de dónde viene la ayuda, ni quien en realidad los apoya.

Las Relaciones Laborales se usan por medio de los sindicatos y otras instituciones para disminuir la productividad del trabajo, aumentar el costo de los productos y sobre todo ganar poder para quienes dirigen las masas trabajadoras. A los líderes, en realidad, no les interesa mejorar las condiciones de trabajo, sino ganar respeto para la causa por medio de huelgas o paros laborales. El estimular contradicciones entre empresarios y asalariados es uno de los motores básicos en la creación de crisis sociales a favor de las ideas enemigas.

La Ley y el Orden en este aspecto la meta es hacer perder prestigio a los agentes del orden (FBI, Police and Sheriff) y a las normas legislativas sobre el crimen. De esto se encargan los medios de prensa comprometidos y de muy buena gana, porque les reporta mucho capital.

A su vez, con esto ayudan a subvertir el orden social de una manera poderosamente atrayente, en especial, para que las masas de jóvenes no respeten a la autoridad, porque ya llevan muchas generaciones aprendiendo a desobedecer las Leyes por la influencia del cine, la música y la narrativa diaria.

Ejemplos están en abundancia la exposición en la Prensa de sucesos de transgresión de la Ley y el orden público como acciones que obedecen a la discriminación racial, los inmigrantes ilegales se les denomina elegantemente "indocumentados" y son apoyados a que reclamen sus derechos en los Estados Unidos, lo cual no les pertenece.

A diario esta población recibe el apoyo de la prensa en cada noticiero, en cada comentario de los periodistas porque a excepción de FOX todas participan en la conspiración de subvertir el orden. Facilitando hacer cotidiano y digno de respeto el delito original de pasar la frontera sin los requeridos documentos, además este apoyo sistemático los predispone a tomar una conducta francamente hostil a la sociedad norteamericana lo cual se palpa a diario en la manera que se proyectan sus opiniones. Como resultante esta forma de subversión proporciona una sobre reacción en cadena en las minorías cada vez que un agente de la Ley hace cumplir el orden.

La Desestabilización es una etapa rápida en especial cuando ya el máximo nivel esta tomado como es nuestro caso, este es el motivo de las "órdenes ejecutivas" las cuales aceleran el proceso de la subversión, el tiempo es menor de 10 y más de cinco años, pues en la medida que avanzan los procesos de desintegración social de las diferentes estamentos sociales, se multiplican los vectores de cambio que pugnan entre sí. Las contradicciones que generan fuerza y provocan como una "reacción en cadena" hacen perder el equilibrio o el balance capaz de mantener el sistema social estable y llevarlo sin regreso a la etapa siguiente, la Crisis, por este motivo desde el principio estuvo planteándose el asunto de crear una fuerza paralela llamada Milicia, fuerza emergente de represión y control.

En los Estados Unidos se presenta de manera muy evidente con estas medidas aplicadas en los últimos años;

DESESTABILIZACION

- Salud Publica en manos del gobierno facilita el control de la poblacion

- Pobreza Incrementar la pobreza tanto como sea posible es la forma mas facil de tener el control de la poblacion, ya que m menos poder de rebelarse contra el sistema ya que el Estado es el que controla y es proveedor de todos los servicions y para vivir .

- Deuda Incrementar la deuda publica hasta niveles insostenibles para justificar incrementar los impuestos y crear mas div conflictos de intereses y esto produce mas pobreza y subordinacion al sistema impuesto .

- El Control de las Armas.- Despojar las armas significa neutralizar la posibilidad de defenderse contra el gobierno, esta es la un Estado sin derechos.

- Beneficios Sociales Tomar medidas como hacer desaparecer todas las formas de propiedad privada al expropiar las vivienc expropiacion enmascarada y creada por la crisis de bienes raices hace posible que el gobierno controle al individuo en su: cotidianas <u>alimentos, salud y vivienda</u>.

- Educacion Cambiar los contenidos de los programas de Educacion para todos los niveles, adecuandolos a la nueva ideolo; historia anterior y comenzando una nueva era divorciada de la anterior que califican llena de fracasos y desastres.

- Religion –Eliminar por todas las vias posibles la creencia en Dios, una civilizacion existe mientras mantiene su religion. Ro del Gobierno y la Ensenanza, para abolir las tradiciones.

- Lucha de Clases: Cada nueva sub clase creada requiere nuevos Derechos Civiles pero el mayor enfasis es dividir la socieda pobres. Esto causa mas tension lo que es aprovechado en despojar derechos a los ricos e incrementar los impuestos para ; subordinandos a los pobres..

Interpretación leninista de Saul Alinsky, nieto de Leon Trotsky expone con claridad como subvertir el orden, este método es parte integrante de la máquina de subversión aportada por los comunistas del patio contra los Estados Unidos. No es muy difícil comprender que todos estos puntos planteados por Alinsky, están a "ojos vista" en el año 2015. La única solución es sencillamente luchar por hacer lo opuesto de manera inmediata para salvarnos del hundimiento.

La Economía es seriamente impactada con la disipación de la energía social que generan todas las medidas activas que por años se han venido implementando para disminuir su eficiencia y aumentar la deuda pública.

Relaciones Laborales. Los líderes cada vez exigen más privilegios y hay menos recursos para repartir y al culpar al sistema de las desventajas e ineficiencias que hacen aflorar de manera cotidiana se aumenta el descontento en este sector de la población.

Las Fuerzas Armadas se tornan cada vez más desmoralizadas y sin recursos, despojadas del poder de defender al país contra el enemigo. Como ejemplos típicos del uso del alarde militar para desmoralizar a las Fuerzas Armadas de nuestro país, por parte de los enemigos jurados del sistema, podemos citar: los sucesos de la Embajada de Bengasi, con los atentados a la dignidad humana que sufrieron los diplomáticos antes de morir; el submarino chino que disparó un misil cerca de Long Beach, California y el disparo fue observado por todos los bañistas; las 16 violaciones del espacio aéreo de Estados Unidos por bombarderos rusos TU-95 en 10 días consecutivos, el ambiente hostil dentro de las Fuerzas Armadas contra los cristianos y el realce con privilegios a los homosexuales.

Las Fuerzas Armadas de Estados Unidos deben estar muy conscientes que los enemigos tienen planes de ataque, han desarrollado equipos bélicos gracias al espionaje tecnológico y han incrementado la calidad y la cantidad de armas sobrepasando en muchas técnicas y tipos de fuerzas a los Estados Unidos en los últimos anos. La Casa Blanca de Obama ha recortado presupuesto y ha ordenado el cierre de líneas de producción de armas de capital importancia para la defensa de Estados Unidos como se hizo con el caza de última generación F-22 y los mismo hicieron con submarinos nucleares que nuestra flota es obsoleta, así mismo los tanques que Rusia sobrepasa en múltiplo de 5 a los Estados Unidos, etc. La transferencia de tecnología de manufacturas para China y Rusia como los tornos de tercera dimensión para piezas muy complejas, los laminados de fibras, la fundición de titanio y otras muchas tecnologías electrónicas utilizadas en los aviones y misiles.

En el año 2013 una sociedad rusa ligada a la industria estratégica militar llamada Rosatom 100 pudo tener el control financiero de su homóloga americana Uranium One, activa en Canadá, África del Sur y Kazajstán haciendo que Estados Unidos perdiera el 20% de sus reservas de Uranio enriquecido, esta maniobra fue llevada a cabo por el Departamento de Estado bajo la Secretaria de Estado Hillary Clinton en contra de la Seguridad Nacional de Estados Unidos y lógicamente esto incremento sustancialmente el poder económico de la Fundación Clinton. Cuando la transgresión de una norma no tiene el castigo que merece, se crea un precedente para que continúen estas transgresiones sin castigo. Esta sencilla ley se cumple entre los grupos ya sean de animales o humanos. Las normas deben ser mantenidas con absoluto y estricto rigor para mantener la cohesión y la moral de los grupos, sociedades o culturas. De lo contrario esto contribuye a la desmoralización y a la desestabilización de una nación.

Los medios de difusión masiva cada vez más parcializados y sin competencia, crean, con las informaciones que ellos diseminan, proyectando un modelo de aceptación y asimilación que favorece la destrucción de nuestra sociedad.

Los periodistas se vuelven aliados del enemigo en estas fases tempranas de la subversión, pero más tarde son absolutamente eliminados por todos los medios posibles, cárcel o ejecuciones masivas cuando el proceso de la subversión alcanza la fuerza suficiente para acometer el ataque final que ellos denominan, la radicalización para eliminar lo que ellos denominan los "tontos útiles". (Concepto de J. Stalin)

Cuando eliminan los periodistas, las instituciones de la difusión pasan inevitablemente a ser mono polar, se implanta el control absoluto sobre la información y el derecho a la libre expresión desaparece; y por lo tanto, los medios masivos de difusión se limitan, porque sólo existe una voz: la del gobierno y su opinión. No existe el menor vestigio de transparencia. Y esto es totalitarismo.

El esquema que presenta el especialista en Subversión de la KGB Yuri Bezmenov, es clásico en este increíble mundo de la destrucción social por medios de la subversión política e ideológica.

Este simple esquema de Desmoralización, Desestabilización, Crisis y Normalización es un Secreto de

Estado, sólo es del conocimiento de un número muy reducido de *personas*, porque el conocimiento mismo de estos mecanismos tenebrosos haría pensar muy críticamente sobre la esencia del sistema a muchos de sus miembros. Si muchos lo conocieran podría convertirse en un arma contra ellos mismos pues dichos individuos se ven reflejados y pueden a llegar a comprender la verdadera naturaleza hipócrita de los "revolucionarios" o comunistas y el objetivo destructor del mismo.

Les abriría los ojos para captar la estafa implícita en todo lo que se han visto y vivido.

Es evidente en estos procesos de subversión política la manipulación de "instituciones de fachada" que han sido "fabricadas" para proyectar una apariencia, en realidad todo ha sido concebido artificialmente para conducir la opinión y la conducta de millones de seres humanos.

El fin que persiguen es que un grupo muy reducido tome las riendas de los destinos de la nación por un camino sembrado de muerte y miseria.

La Radicalización es la toma total de poder por el grupo que estaba en la sombra. Ahora, eliminan a los que fueron los precursores y que hasta esta etapa eran sus aliados. Los liberales, los inconformes, los homosexuales, los intelectuales de izquierda, todos son liquidados de manera muy rápida, aprovechando la efervescencia del poder de los extremistas. Pero en primer lugar eliminan a los periodistas y sus medios de difusión pasan a un estricto control.

Todas las revoluciones han pasado por este proceso, sangriento, de eliminación masiva, puede ser al estilo de Josef Stalin o del carnicero de Cambodia Ian Sari y de Fidel Castro/Ernesto Guevara o de Nelson Mandela.

Cada uno de ellos, con características diferentes, ha creado condiciones para hacer las matanzas colectivas en el momento que más les ha convenido.

La radicalización ha sido un proceso tan importante que no ha faltado en ninguna operación de guerra psicológica, operación de subversión o cuando la maquillan, la disfrazan y perfuman llamándola "revolución" como en Rusia, China, Korea del Norte o Cuba.

Los soviéticos han tenido una vasta experiencia en la toma de los países que les han interesado y en organizar las matanzas de las capas comprometidas con el proceso de subversión para no establecer compromisos, ni contratos sociales. Los comunistas deben actuar libres de todo compromiso que pueda comprometer el poder absoluto.

La Crisis es el momento de la descomposición social de máxima expresión, es la disolución de las instituciones que no pueden funcionar de manera eficiente porque están asfixiadas por la presión de los sectores de la izquierda. La crisis se resuelve o desemboca en una guerra civil, dependiendo del área geográfica, en especial si se trata de una zona aislada que está bajo el control o garantizada la victoria de los comunistas; en otras instancias, se decide por una invasión de los rusos o los cubanos neutralizando al enemigo con las fuerzas armadas hasta desintegrarlo totalmente de la manera más rápida y económicamente posible.

Después se crea siempre un mito político, una manipulación de sucesos capaces de acomodar y de justificar las matanzas o carnicerías como, por ejemplo, con el manido pretexto de la prevención del "ataque imperialista" o de frustrar las actividades de "la tenebrosa CIA."

La Normalización, se trata de un eufemismo, es el momento culminante en que más fuerza se ejerce sobre un país, cuando ya está ocupado, cuando ya no hay enemigos, porque todos están muertos o prisioneros, cuando entran los tanques en la ciudad, cuando hay "toque de queda" y no sale nadie de la casa, cuando ya no existe oposición, entonces ellos dicen que han llegado a "normalizar la situación".

Este concepto era muy utilizado por la agencia noticiosa soviética Tass o Radio Moscú para describir en muy pocas palabras que ya habían tomado el poder las oscuras fuerzas de la izquierda....como dicen los rusos "Eta Normal...ochin jaracho!"

¿Cómo detener la subversión ideológica?

Desgraciadamente, el único antídoto que existe contra la subversión es el conocimiento del objetivo y significado de los planes del enemigo sobre la destrucción, miseria y muerte. Al no aceptar la neutralidad, ni tener respeto alguno por las nuevas normas impuestas, dejemos de ser neutrales o indiferentes.

Recordemos cuando aceptamos estamos poniendo el cuello para que el enemigo fácilmente nos degüelle. Tenemos que aferrarnos a nuestros valores patrióticos, democráticos y religiosos imprimiéndolos en las nuevas generaciones; explicándoles lo que significan las ideas que expone el enemigo; educándolos a no ser neutrales o indiferentes, creándoles personalidades armónicas y sanas; enseñándoles a no respetar las ideas que tratan de imponernos en contra de las raíces heredadas de los Padres de la Patria americana.

Educar esgrimiendo los valores patrios para que reconozcan que mucha sangre, mucho heroísmo, mucho sacrificio, mucho dolor cementa nuestra sociedad. Hay que crear en nuestras familias, en nuestra comunidad, en todo nuestro entorno una actitud responsable en cada individuo, no delegar ninguna responsabilidad a lo abstracto del colectivo, ni al nivel social, porque si perdemos la fuerza individual, la suya que ha leído este capítulo, perdemos la guerra y nuestra Libertad que como Usted y yo sabemos la Libertad no es gratis.

Bibliografía consultada

Yuri Bezmenov. *Psychological Warfare Techniques. Conferencias.*

Wooddrof Allport. *La Personalidad.* La Habana: Ediciones R, 1969.

Operación Solo. The FBI's man in the Kremlin John Barron. City: Regnery Publishing, 1995 Págs. 59-81; 87-96 y 112-115.

J Pete Earley. *Camarade J.* New York: Berkley Books

Alexander Fursenko. *One hell of the gamble.* New York and London: W.W. Norton and Co., 19 Bibliography consulted:

-Manual of Military Counter Intelligence MINFAR, Cuba 1985

Yuri Bezmenov or Thomas Shuman Psychological Warfare Techniques 7 conferences in Canada

-Personality by Woodruff Alport Editions R 1970 Cuba

Just operation. The FBI's man in the Kremlin John Barron Regnery Publishing pg 59-81 s 87-96, 112-115,

Comrade J Pete Earley edition Berkley Books New York

Alexander Furshenko "One hell of the gamble" ISBN 0-393-04070-4 WW Norton and Co. New York and London 1997

DIA Report about Soviet Advanced in Military Psychology 1972

Biohazard by Dr. Ken Alibek Dell Publishing Random House USA 2000

Red Alert Film Documentary about Cuba's Biological Weapons Program by Ed Palmer 1997 Miami, USA.

The spy who save the World by Jerold Schetker

Breaking with Moscow by Arcady Shevchenko

CIA Report about Maskirovska Means and Use by www.CIA.gov

Oleg Pentkosvsky the spy who saved the World by Jerrold L. Schecter edition Charles Scribners's Sons New York, 1992

The Pentkosvky Paper by Oleg Pentkosky edition of Doubleday & Company New York 1965

Ronald Reagan Security Order 0123 for Security White House Washington DC USA

http://www.newsmax.com/US/military-christians-chaplains-hostile/2015/04/16/id/638918/#ixzz3XYd8qHVv

http://freebeacon.com/national-security/russian-strategic-bombers-conduct-more-than-16-incursions-of-u-s-air-defense-zones/ By Bill Gertz - Washington Free Beacon - - *Thursday, August 7, 2014*

Author Archives and Testimonies

Conversations with my brother in law Flight Engineer Rolando Barros Guzman in 1946- 1971 Director and Chief of Operation of Cabana Airline

Conversations with Captain Victor Pina Cardoso, aka KGB Cor. Antonio Dahud and Eusebio López Azcué "Capitan Alberto" 1959-1990

Conversations with General Jose Abrantes Fernandez Ministry of Interior 1977-1990

Interview taped Commander Jaime Costa, member of 26 of July Movement, assault of Moncada Barrack and Granma invader. Chief of Rebel Army Intelligence 1959 and after Political Prisoner.

Conversation with US Navy Commander Harold Feeney (Xijote) DIA Chief of Intelligence Operation 1997-2002

Capítulo 15

¿Quién nos destruye? ¿Dónde está? ¿Desde cuándo?

Al terminar la Segunda Guerra Mundial Winston Churchill propuso crear una red clandestina que podría activarse en caso de una invasión soviética contra la Europa Occidental, la idea fue genial, fue muy acertada y podría haber sido muy útil cuando los Soviéticos atacaran con sus Ejércitos Blindados a los países que aún les quedaba por tomar en Europa, ellos planificaron hacer su ofensiva desde tres puntos de Alemania del Este.

La idea de Churchill no era novedosa, cuando la Operación Barba Rosa comenzó la ofensiva contra la URSS, los Soviéticos utilizaron una red de Comités Clandestinos del Partido, en los territorios ocupados por los alemanes, especialmente en Kiev y Ucrania, con el objetivo de crearle al mando alemán todo el daño que fuera posible al movimiento y abastecimiento de sus tropas en su Retaguardia, justamente el Gral. Nikita Krushchev fue jefe de este Frente Guerrillero, quien logró con un millón de guerrilleros hacer tantas bajas a los invasores alemanes como los frentes militares.

El crecimiento forzado del territorio soviético favorecido en primer lugar por sus métodos de subversión política y el desarrollo mismo de la Segunda Guerra Mundial, proporciono un incremento sin precedentes en la ampliación de las fronteras soviéticas, pero también produjo mucho delirio de grandeza imperial en los líderes comunistas y sus partidos, utilizando como fachada política la clase obrera y campesina en el poder.

No fue difícil para los líderes occidentales reconocer las verdaderas intenciones soviéticas de avanzar contra Occidente, desde la misma terminación de la conflagración mundial, entonces fue necesario preparar la defensa militar para la próxima invasión sobre Europa Occidental.

Un evento de mucha trascendencia se produjo durante la madrugada de noviembre, 4 de 1956. El Primer ministro húngaro Imre Nagy, comunico la situación en sólo 35 segundos en tonos graves adecuados al difícil momento que se atravesaba. Después de 12 días de levantamientos y promesas de futuras negociaciones, la Unión Soviética revirtió su curso.

Nikita Khrushchev y Yuri Andropov, a la sazón, Embajador soviético en Budapest, introdujeron 30.000 tropas soviéticas apoyadas con fuerzas blindadas en la Hungría, que se rebelaba del yugo soviético.

"Nuestras tropas están luchando", dijo Nagy. "El gobierno está en su lugar". Pocas horas después tras sangrientos enfrentamientos, Nagy solicita asilo en la Embajada yugoslava, y en los próximos 7, los soviéticos toman control del país con un régimen títere en su lugar, claramente se evidencia de que la disidencia en cualquiera de las Naciones satélites de la Unión Soviética se neutralizaría con la fuerza bruta.

En 1957, funcionarios de la OTAN, por temor a más agresión Soviética en el corazón de Europa, decidieron actuar con rapidez. Desde ahora, pueden ser atacado cualquier país miembro de la OTAN, declararon, los Estados Unidos, que de hecho se verían obligados a responder con un ataque nuclear a gran escala.

Para eficiente y real esta estrategia los Estados Unidos necesitan un arma imponente sobre la tierra en la República Federal de Alemania, algo que hiciera pensar los soviéticos dos veces antes de cualquier intento de ampliar el telón de acero hacia el oeste.

Esta conducta de los soviéticos era una prueba más de su decisión de mantener sus fronteras extendidas para el ataque contra Europa Occidental.

En estos tiempos Egipto, Siria, Jordania, Iraq ya formaban un bloque alineados por compromiso con los soviéticos por los conflictos creados por Egipto bajo tutela de la URSS, por el Canal de Suez.

Como sabemos, al terminar la guerra, Churchill y Eisenhower habían dado instrucciones a sus respectivos órganos de Inteligencia, al M-15 y la Oficina de Servicios Estratégicos desde finales de la Segunda Guerra Mundial de contactar y organizar con los organizaciones clandestinas locales de cada uno de los países europeos que habían apoyado a las Fuerzas Aliadas en tareas de Inteligencia, durante la invasión nazi de los países europeos desde Austria hasta la misma España y Portugal.

La organización de esta renacida red de apoyo se denominó "Stay Behind", se seleccionaron a los hombres que habían servido con mayor valentía y destreza durante la guerra y se les proporciono entrenamiento para desarrollar las habilidades en equipos de comunicación, codificación y descodificación, explosivos, armas ligeras, técnicas de camuflaje, evasión de seguimientos, rescate de pilotos, creación de confusión, guerra psicológica, etc. Estos entrenamientos se llevaron a cabo de manera rigurosamente clandestina y cada miembro de un grupo de 5 solo podía conocer a dos miembros de la red, las reuniones de los grupos eran con máscaras, los nombres eran números y letras, todas las medidas fueron tomadas para una rigurosa clandestinidad operativa.

El patriotismo y la conciencia anticomunista de la Red "Stay Behind", se mantuvo durante años lista para ser activada en todos los países europeos, estos hombres son dignos de nuestro respeto y gratitud eterna por el trabajo tan complejo y peligroso, teñido de verdadero desinterés por alimentar sus egos.

Con la caída del muro de Berlín, gracias al increíble e imaginativo trabajo de Inteligencia llevado a cabo por el Presidente Ronald Reagan, la Primer Ministro Británica Margaret Thatcher y el físico Edward Teller hicieron comprender a la Cumbre Comunista que su vocación imperial había fracasado; los tanques, los submarinos, los destructores y sus aviones cambiaron su rumbo para convertirse en chatarra obsoleta, ya que nunca dispusieron de un imprescindible apoyo industrial, tecnológico, financiero y energético. Desde tiempos milenarios la Guerra exige DINERO, DINERO Y MAS DINERO, como nos dijo Napoleón Bonaparte...

Por desgracia Occidente sobrevaloro notablemente su indiscutible Victoria, porque no fue capaz de ver que la nueva Rusia podría heredar la misma intensión y la misma filosofía de despojo de su predecesor; la URSS, cualquiera que fueran las razones que se alegaran, el resultado del excelente trabajo no fue terminado como ameritaba el colosal enemigo nuclear que había caído aparentemente solo, como hizo Chacón Veliz... la bestia no fue decapitada suficientemente como se debía, dada la maldad que había engendrado con más de 60 millones de muertos y un número astronómico de presos y calamidades, tampoco fue sepultada como se debía haber hecho, poco después ese cadáver insepulto y corrupto del comunismo soviético, ahora ruso y cubano sigue emanando un veneno, que destruye al resto de la Humanidad, sin que la gran mayoría de sus víctimas se percate de donde viene tanta malignidad y muy pocos reconozcan al tenebroso y taimado victimario.

Siguiendo las huellas

Mirando un poco atrás, en entre los años 1970 y 1980, el tiempo que la URSS estuvo bajo el mando maligno de la Doctrina Brezhnev y Yury Andropov, quien durante muchos años dirigió el Comité para la Seguridad del Estado y después devino en Secretario General del PCUS, puso en marcha un Plan de Subversión Política e Ideológica contra todas las democracias, pero en espacial Estados Unidos, la punta de esta daga era Cuba. El Plan Subversivo se apoya en el uso de las vulnerabilidades potenciales ofrecidas por las democracias occidentales, convocando a todas sus las fuerzas ideológicas del planeta a luchar contra los Estados Unidos, quiere esto decir, que utilizando mecanismos legales ellos podrían convertir a todos los ciudadanos de estos países democráticos en sus "soldados", sin tanques, ni artillería, ni acciones bélicas podrían desmoralizar, desgastar, crear crisis y tomar de manera más estable y sin grandes esfuerzos los países de Europa y Estados Unidos.

Miles de manifestantes contra el balance de las fuerzas nucleares en Europa...creados por los propios Soviéticos y Cubanos...l

Estas ideas, en definida no eran muy novedosas, pues desde 4000 años atrás, ya los chinos la habían utilizado. El renacer de los movimientos políticos de izquierda, dígase claro, Subversión Política Soviética comienza con un retoño rojo en el Caribe, en 1959 y pocos años después, resulta en una fulminante convulsión comunista y corre como una epidemia maléfica hacia todas las latitudes del Planeta.

Patrullas de manifestantes las 24 horas del dia alrededor de las bases militares... Quien pagaba este trabajo...?.No es dificil dar la respuesta.

En Europa especialmente en Francia e Italia, siguiendo los lineamientos de los Partidos Comunistas, los estudiantes y obreros crearon manifestaciones de protestas, enfrentamientos policiales, sabotajes y huelgas masivas, paso a paso los Partidos de izquierda y sus organizaciones clandestinas se imponen y gana poder poco a poco en los Parlamentos y Gobiernos, después crean divergencias y fricciones artificiales con el principal Aliado Estratégico, los Estados Unidos, en la práctica dejando de ser Aliados, para convertirse en socios privilegiados y amamantados, Francia, quien después de recibir la Liberación de su territorio de la invasión nazi, que los EU abono con miles de sus mejores hijos y asimilar con gusto el suculento Plan Marshall, convirtiendo la Francia empobrecida con una economía básicamente agraria, en un país netamente industrializado, pérfidamente se separa del bloque militar Aliado, contra la amenaza militar de los Soviéticos y otros países descansando los gastos de su defensa en el gigante americano, lo que les permitía hacer gratuidades sociales en función de las exigencias políticas de los sectores marxistas.

La forma de la nueva lucha contra el enemigo comunismo, fue evolucionando, no se logró identificar por donde el enemigo estaba atacando, ellos realmente lograron confundir, pero les fueron muy útiles en esta tarea, los filósofos y artistas más respetados de la época como Erich Fromm, Jean Paul Sartre, Regis Debre, Jean Marqius, Pablo Picasso, y lo ha hecho con éxito.

Estos factores políticos creados por la Subversión Enemiga, dejaron sin razón de ser la gloriosa Red "Stay Behind" pero esto no significa, que no busquemos solución a las dificultades creadas por la subversión.

Sin embargo, la caída de la Unión Soviética a consecuencia de su incapacidad como sistema político, económico y social, pero prolongándose con mil nuevas cabezas la subversión al estilo comunista, sembró la confusión y la desmoralización en las fuerzas democráticas de Occidente, aun parece que no se ha recuperado, ni establecido un nuevo sistema de lucha para revertir los efectos creados por la ofensiva subversiva creada y ahora, casi impersonal e invisible pero con efectos desbastadores a los valores de la cultura Judea Cristiana.

Es importante conocer este personaje maligno y un pequeño momento de su obra:

Yury Andropov jefe del Comité de la Seguridad del Estado (KGB) de 1967-1983. El legado es sobresaliente porque pudiera decirse que ha sido el enemigo más sagaz que ha tenido Estados Unidos. El alto nivel de amenaza producto del emplazamiento de los misiles de medio alcance con carga nuclear del tipo SS-20, hizo que los EU desplegara misiles como contrapartida los Pershing en Europa Occidental.

Cuando el negociador estadounidense Paul Nitze sugirió un plan de compromiso para misiles nucleares en Europa en el célebre 'paseo por el bosque' con el negociador soviético Yury Kvitsinsky, los soviéticos nunca respondieron a las propuestas americanas.

Kvitsinsky escribiría más tarde que, "a pesar de sus propios esfuerzos, el lado soviético no estaba interesado en el compromiso, sino que calculaba que los movimientos políticos creados por ellos jugarían su papel de neutralizar a EU". Se trataba de los Ambientalistas, conocidos por los Verdes y otras organizaciones creadas por los soviéticos mismos como el Consejo Mundial por la Paz, los movimientos sindicales, estudiantiles y científicos con sus respectivos Festivales o Congresos Mundiales que se convertían en una fuente de energía política e ideológica contra Estados Unidos, los miembros de estas organizaciones hacían resistencia pasiva acostándose frente a las bases militares de Estados Unidos y la OTAN en Alemania, Inglaterra, España, Italia, Gracias y otros países europeos. El producto es el efecto activo en la opinión pública creado por la Prensa, la cual obligarían a los estadounidenses a capitular en su empeño de mantener un balance de fuerza justo en la llanura central europea.

Este es un puro ejemplo del concepto de Subversión Ideológica con Medidas Activas...

La Unión Soviética sembró el veneno, Rusia lo cultiva...

Yuri Andropov utilizó todos los académicos de todas las Ciencias Sociales y toda la experiencia del antiguo Imperio Ruso para ensamblar un Plan a la altura de los enemigos que quería destruir

Los soviéticos siempre enfocaron como enemigos al Estado de Israel, a pesar de que este estado se funda por el patrocinio internacional de la URSS, es en noviembre 29 de 1947 la Asamblea General de las Naciones Unidas, reunida en New York declara la creación del Estado de Israel y por mandato seria dividida en dos Estados, uno judío y otro árabe, sabiendo los rusos que los árabes atacarían el pequeño Estado de Israel, a pesar que ideológicamente el los israelitas formaron un gobierno básicamente socialista, pero estratégicamente a los soviéticos les convenía eliminarlos y hacer prevalecer su relación con el mundo árabe que tenía el poder energético que ellos adolecían.

Yury Andropov se caracterizó como el "padre de antisemitismo y terrorismo internacional" apoyando junto con su escudero Castro, a Yasser Arafat y todo tipo de organizaciones terroristas musulmanas y lanzaron un plan subversivo, en particular su lógica estaba basada en que un billón de adversarios árabes podrían causar mucho más daño de lo que podría hacer solo 150 millones.

Andropov aseveró <u>"Mahoma, no había limitado su religión a los países árabes"</u>. <u>El jefe de la KGB describe al mundo musulmán como un plato aperitivo, en el cual podríamos cultivar una cepa de odio contra América con la bacteria del pensamiento marxista-leninista"</u>

El resultado es palpable Europa y América están recibiendo los embates del odio de los rusos a través de los musulmanes manipulados por Moscú. Siria, Palestina, Iraq, Irán, Afganistán, Yemen, Libia, Somalia, la lista es interminable..

Yury Besmenov, el oficial de Inteligencia soviético que trajo a Occidente el conocimiento del arma más poderosa de los soviéticos, su último esfuerzo le costó la vida en Montreal, Canadá, no ha servido de mucho, anos después de su muerte en 1988, aun no se ha hecho nada serio para detener la Subversión Soviética en los países Occidentales.

El antisemitismo islámico funcionó profundamente, pero también los soviéticos involucraron a otros países socialistas para que hicieran su trabajo de Inteligencia y Subversión Política, antes de Rumania definitivamente en 1978, el servicio de espionaje rumano solo había enviado unos 500 agentes encubiertos a varios países islámicos. La mayoría de ellos eran funcionarios religiosos, ingenieros, médicos, profesores e instructores de arte. Según una estimación aproximada recibida de Moscú, por 1978 la comunidad de inteligencia del bloque soviético entero había enviado a alrededor 4.000 tales agentes de influencia hacia el mundo islámico. Cuba se encargó de los Golpes de Estado, todos bajo el mando operativo del Comandante Raúl Curbelo Morales en Afganistán con Tarik Asik, Iraq con Saddam Hussein, Yemen del Sur con Salem Robayo Ali, Etiopia con el Sargento Mengistu Haile Mariam, ahora exilado en Zimbabwe, quien depuso al Rey Haile Selassi, Libia con El Gadafi, los Emiratos Árabes y de fomentar una guerra por los pantanos de Shatal-El-Aram entre Iraq e Irán, la cual se convirtió en una carnicería humana de cientos de miles de muertos por ambos lados durante 12 años, ambos contendientes fueron debidamente equipados con armamento soviético, que pagaban con dólares, petróleo y el asesoramiento técnico-militar procedía de Cuba.

No se podría cuantificar con certeza cuánta influencia tuvieron estos esfuerzos, pero el trabajo de 4000 agentes del bloque soviéticos, dejaron resultados que aún están cada vez más visibles.

Un año después de la puesta en marcha del Plan Subversivo de Yury Andropov, los países satélites habían enviado unos 4.000 agentes de influencia en el mundo islámico, según datos del General Ion Pacepa; y todo fue realidad, el Ayatola Koum ni derroca al Sha en Irán con el apoyo de los soviéticos e irrumpieron en la Embajada de Estados Unidos en Teherán, tomando como rehenes los funcionarios diplomáticos y los Marines de la Guarnición. Desde entonces América ha tenido que enfrentar el terrorismo islámico, en particular con los Comandos Al Fatah, Hezbollah y Al-Qaeda.

En 1983, Hezbollah se introdujo en el mundo por los bombardeos de un campamento la U. S. Marine en Beirut. Una década más tarde, Hezbollah llevó a cabo ataques terroristas en el edificio de intercambio mutuo de Israel en Buenos Aires, Argentina. Luego llegado a las costas de los Estados Unidos, cuando Osama Bin Laden y Al-Qaeda bombardeaban el World Trade Center en Nueva York, el terrorismo seguido unos años más tarde por la destrucción de la U. S. Embajadas en Kenia y Tanzania. Luego en el año 2000, Al-Qaeda atacaron el U. S. Marina de guerra destructor USS Cole.

En 2001, orquestaron los ataques terroristas del 11 de septiembre en New York. Este horrible ataque resultó en la destrucción de cuatro aviones comerciales, la destrucción de las Twin Towers, daños graves al Pentágono y la pérdida de cerca de 4.000 vidas estadounidenses.

El Terrorismo islámico ha costado caro a América y al mundo, siendo esto consecuencia directa del trabajo subversivo de los soviéticos y después de los rusos y los cubanos.

Los críticos de este análisis de hechos concretos rápidamente se oponen a reconocer la colaboraciones Soviética-Musulmana, citando la evidente incompatibilidad entre Islam y el comunismo-ateísmo, pero un estudio profundo sobre Islam en la Unión Soviética revela una historia desconocida pero aún muy relevante, especialmente teniendo en cuenta el reciente caos en Medio Oriente y quien le saca partido al enfrentamiento del mundo árabe con el mundo occidental.

"La dependencia Soviética de la energía que ellos podrían obtener si penetraban el mundo árabe por la puerta de Afganistán, guerra que duro por 13 años, por orden de Leonid Brehznev y la manipulación de los líderes del islam en 1984, está claramente expuesto en un folleto publicado por Novosti, en Moscú, titulado "El Poder Soviético y el islam". Este folleto detalla la historia de la colaboración Soviética musulmana, a partir de la tristemente célebre Revolución de octubre de 1917.

Los musulmanes que viven en centro y este de Rusia inicialmente apoyaron Lenin y su revolución bolchevique contra lo que perciben como el gobierno contra el Islam del Zar. El folleto cita la siguiente declaración del Consejo musulmán de Rusia, de fecha 15 de septiembre de 1923: por la Santa misericordia de Allah la revolución que tuvo lugar en Rusia ha eliminado la autocracia despótica, implacable que utiliza para perseguir a la religión del islam.

El 25 de octubre de 1926, el Congreso de toda Rusia de Soviet-patrocinado del clero musulmán abrió con el siguiente telegrama dirigido al partido comunista de la Unión Soviética: en nombre de todos los musulmanes el Congreso expresa gratitud y devoción al poder soviético, el defensor de los pueblos oprimidos de Oriente y se compromete a apoyar las medidas del gobierno soviético para consolidar los logros de la revolución.

La Unión Soviética estableció especial tableros de musulmanes, que eran responsables de la "supervisión de las mezquitas" y la orientación de la vida espiritual de los musulmanes en la URSS, según el folleto.

Estos organizaciones geográfica Musulmanas, incluyen: el Consejo musulmán de Asia Central y Kazajstán con sede en Taskent el Consejo musulmán de Siberia y la parte europea de la Unión Soviética con sede en la ciudad de Ufa musulmana Junta de Cáucaso del norte y Daguestán con sede en Makhachkala el Consejo musulmán de Transcaucásica con sede en Bakú musulmana devoción al poder soviético llegó a ser más evidente en la década de 1970 , cuando los países árabes fueron a la guerra contra Israel: después de la guerra árabe-israelí, el cuatro de octubre de 1973 los líderes de las instituciones religiosas musulmanas de la URSS convocó una conferencia el 13 y 14 de noviembre de 1973 bajo el lema "Para apoyo de la lucha sólo de los pueblos de los países árabes por la liberación de los territorios para la independencia nacional y el Progreso Social".

La Conferencia contó con la presencia de las delegaciones de Egipto, Irak, Libia, República Árabe de Yemen y Kuwait. También aprobó una "apelación a todos los musulmanes y personas de buena voluntad," que indicó: nosotros, los musulmanes de la URSS, expresar nuestra plena solidaridad con los pueblos árabes hermanos luchando por la unidad, libertad, independencia y soberanía nacional de sus países. Según nuestro deber religioso, insistimos en que el establecimiento de una paz justa y duradera en el Medio Oriente, la tierra sagrada de los seguidores de varias religiones.

Promover el establecimiento de una paz que demanda que la aplicación de la resolución aprobada el 22 de octubre de 1973, por el Consejo de Seguridad de la ONU, ordenaba la retirada inmediata e incondicional de las tropas israelíes de todos los territorios árabes ocupados y el reconocimiento de los legítimos derechos de los pueblos árabes de Palestina para determinar su propio futuro.

Este fenómeno social manufacturado en Moscú y La Habana con apariencia de ser espontaneo como una manifestación de la libre determinación de los pueblos, como le llama la Segunda Declaración de La Habana, ha sido el motor y el histórico de las revoluciones comunistas dirigidas y apoyado por los soviéticos en China, Cuba, Vietnam, Nicaragua, El Salvador, Uruguay y Angola, Sur África, Mozambique, Egipto, Iraq, Afganistán, Yemen del Sur, Etiopia, Mozambique, Congo, Bengla Desh, etc." (Párrafos tomado de Ion Pacepa, General de la Inteligencia Rumana y del libro del autor La Sovietización de Cuba y sus Consecuencias).

Capítulo 16

Testimonio de la Injerencia Cubano-Soviética en diferentes países

Caerán todos los gobiernos democráticos del mundo en la trampa? Veamos los antecedentes en el apoyo al terrorismo internacional en su afán de conquistar el poder en los países de América, Asia y África en boca de los propios oficiales de Castro:

CORONEL DARIEL ALARCÓN RAMÍREZ (Benigno): "En 1964 el entrenamiento en actividades guerrilleras y de sabotaje tenían un volumen de locura sobre todo de África. Venían de El Congo, Zaire, Tanzania, Yemen, Sierra Leona y, Guinea Ecuatorial. Después, en los 70, de Cabo Verde, Guinea Bissau. El entrenamiento de estos miles de africanos estuvo bajo la dirección, principalmente de Sergio del Valle, que era el jefe para toda África, Víctor Drake, Rolando Kindelán y otros. En otras regiones de Cuba se entrenaban gente de Venezuela, Colombia, Guatemala, Perú, etc., Venezuela era tan importante y complicada que a cargo de estos estaban gente tan importante como Tomassevich, Ángel Frías,

Arnaldo Ochoa, Reynerio Jiménez Lage, Wilfrido Pérez, Orestes Guerra y Hermes Cardero. En la Sierra del Rosario había un campamento de entrenamiento de norteamericanos en su mayoría nativos africanos en el que el jefe era Osmany Cienfuegos. Desde 1965 estuve con el Che en el Congo. Como en todas las intervenciones posteriores íbamos con distinta apariencia. Salimos en el "Camilo Cienfuegos" con el pretexto de llevar un cargamento de sal al Congo, pero el barco iba en realidad cargado de armas. En aquella misión participaron los hermanos Patricio y Tony de la Guardia, Osmany Cienfuegos, Dreke, Pablo Rivalta, Tumi, Bartelemi, que era de Lawton, y que fue enviado por Fidel para que nos rescatara, lo cual logro en una operación arriesgada y pudimos llegar a Paris y Praga. A mi regreso a Cuba en 1966 fui designado como jefe de los campamentos de entrenamientos de extranjeros. Primero en las montañas de la Sierra de los Órganos en Pinar del Rio y después en las del Escambray en las Villas. En esos campamentos había argentinos, chilenos, volvíamos, brasileños, uruguayos, guatemaltecos, costarricenses, algunos nicaragüenses, un grupito de ecuatorianos. Uno de los campamentos más importantes en estos entrenamientos de latinoamericanos era el Punto Cero en Guanabo, al este de La Habana. A todos estos grupos le dábamos clases de cómo preparar explosivos, como abrir cualquier tipo de caja fuerte, poner minas "cazas bobos", clases de espionaje y contraespionaje, defensa personal, primeros auxilios y demás. En junio de 1966 fui enviado a la provincia de Oriente a entrenar a un grupo de colombianos entre los que estaba el cura Domingo Laín. Unos días más tarde recibí la orden de presentarme en el Estado Mayor. Allí nos recibió el hoy general Moisés Sio Wong. Cuando estuvimos todos los que habían citado notifico a Raúl Castro que ya habíamos llegado todos. "Todos" éramos los entonces comandantes del Ejército Antonio Sánchez Díaz (Pinares), Juan Vitalio Acuña (Joaquín), Gustavo Machín Hoed de Beche (Alejandro), José María Martínez Tamayo (Ricardo), los capitanes Manuel Hernández Osorio (Miguel), Jesús Suarez Gayol (Rubio), Eliseo Reyes (San Luis), Orlando Olo Pantoja (Antonio), Alberto Fernández Montes de Oca (Pacho), el primer teniente Carlos Coello (Tuma), el primer capitán René Martínez Tamayo (Arturo), Leonardo Tamayo Núñez (Urbano), Harry Villegas Tamayo (Arturo), el primer teniente y medico Octavio de la Concepción de la Pedrada (Muganga, Moro). Después supimos que seriamos los que iríamos con el Che a intervenir en Bolivia. Después se unirían Pombo, Aniceto, Pedro, Ñato, Chapaco, Lorgio Vaca, Freddy Maimura, Papi y Walter. Casi todos morirían en la aventura, al igual que la mayoría de los que fueron al Conto y los miles que años más tarde combatieron en Angola. Por cierto que a mi regreso de Angola fue ascendido a Coronel. Después del fracaso en Bolivia fue creado el Departamento de las Américas y se puso enfrente del mismo a Piñeiro, más conocido como "Barba Roja". Se abrieron cuentas bancarias en todos los países de América a nombre de individuos para sufragar los gastos de las operaciones clandestinas en cada país. Ningún país de América se salvó de la intervención nuestra.

GENERAL ABELARDO COLOME IBARRA: "En 1962 fui enviado a Bolivia y Argentina con pasaporte argelino para fomentar un frente guerrillero en Argentina en el que pondríamos a Jorge Ricardo Masetti como jefe. Compramos una finca de cuatro hectáreas en Emboroza. (En aquel tiempo Ernesto Guevara era el presidente del Banco Nacional de Cuba y repartió todas las reservas para estos fines por toda la América Latina. Todo fracaso (se acabó el dinero) y a los dos años, en 1964, regrese a Cuba". En diciembre de 1975 fui para Angola como Jefe de la Misión Militar. Se le olvido que estuvo en Estados Unidos desde agosto del 1963 hasta noviembre 27 de 1963, según consta en documentos y en foto muy cerca de JFK, segundos antes de ser asesinado.

GENERAL DE BRIGADA ALVARO LOPEZ MIERA:"Me enviaron a Angola al frente de baterías de lanzacohetes en 1975 y en Etiopía en 1977"

GENERAL DE BRIGADA ROLANDO KINDELÁN BLES: "En 1965 estuve en el Congo, con el Che y un grupo de 250 compañeros"

GENERAL SIXTO BATISTA SANTANA: " Me enviaron a Angola en 1976 y a Etiopía en 1977".

GENERAL JOSE LEGRO SAUQUET: "Fui del grupo enviado a Viet Nam durante los últimos años de la guerra contra los norteamericanos, allí permanecimos junto a los vietnamitas y pudimos ver la actuación de los aviones F-105 D y E y A-6 y A-4, así como los bombardeos de los B-52 de la fuerza aérea norteamericana."

GENERAL HAROLD FERRER MARTINEZ: "Fui enviado a Angola desde 1977 a 1979 como jefe del Regimiento de la Tropas Cubanas en el Sur"

GENERAL RAUL MENÉNDEZ TOMASSEVICH: "En 1966 fui enviado a Guinea Bissau con Amílcar Cabral, Joao Bernardo Vieira y el comandante Chico, donde organizamos la guerrilla del PAIGC. El 8 de mayo de 1967 tuve que ir a Venezuela donde pierde la vida Tony Briones Montoto. Allí estuve un año en las montañas hasta que salí con un pasaporte falso con rumbo a Rio de Janeiro, de ahí a Paris y de Paris a La Habana. También me enviaron a Angola y ayude al Che a preparar su expedición a Bolivia."

GENERAL SILVANO COLAS SÁNCHEZ: "Me ordenaron ir a Angola en 1975 y 1976 como Jefe de Artillería de la Agrupación de Tropas del Sur"

GENERAL ANTONIO ENRIQUE LUZÓN BATLLE: "Me enviaron a Angola después de la guerra, desde 1982 hasta 1984 donde perseguí a rebeldes en Menongue, Luena, Huambo y Bic."

GENERAL RAMON PARDO GUERRA: "Fui enviado tres años a Angola como segundo jefe de la Misión Militar"

GENERAL VICTOR SCHUEG COLAS: "En 1965 me enviaron en misión internacionalista a Tanzania. Después estuve en Mozambique. Después tuve que unirme a los compañeros que estaban en el Movimiento de Liberación del Congo Belga donde el Che era el jefe. En 1975 me enviaron a Angola".

GENERAL ENRIQUE ACEVEDO GONZALEZ: "Combatí en Angola en 1977 y después en el 1987 y 1988.".

GENERAL JOAQUIN QUINTA SOLA: "En diciembre de 1975 fui enviado a Angola, como jefe de la misión militar en Cabinda. Estuve allí hasta 1976 pero en 1977 tuve que regresar al combate donde permanecí hasta 1978".

GENERAL ORLANDO ALMAGUEL VIDAL: "En 1975 fui enviado con 800 hombres en el Buque "Viet Nam" hacia Luanda en Angola donde estuve hasta el final de la guerra. Después, en 1989 me enviaron a participar en la guerra en Etiopía."

GENERAL RUBEN MARTINEZ PUENTE: "Fui enviado a Angola para dirigir las fuerzas de aviación que intervenían en combate, pero tuve ocasión de combatir desde el aire en Cangamba".

GENERAL LINO CARRERAS RODRÍGUEZ: "En junio de 1984 fui enviado a Angola donde permanecí tres años y siete meses combatiendo a los guerrilleros que se oponían al gobierno".

GENERAL RAFAEL MORACEN LIMONTA: "En 1965 fui enviado con un gran número de compañeros, todos negros, en el barco "Uvero" con rumbo a Guinea Conakry. De ahí pasamos a Accra y de ahí al Congo Brazzaville con la orden de incorporarnos a las guerrillas del Movimiento para la Liberación de Angola (MPLA). Allí estuve hasta 1967. En 1973 fui enviado en otra misión internacionalista a la República Popular de Siria. Fuimos en un avión Britannia de Cubana de Aviación, pero la Republica Árabe Unida no nos autorizó volar sobre su territorio por lo que tuvimos que viajar a Argelia, Libia, Bulgaria, Irak para poder finalmente llegar a Siria. Allí estuvimos hasta febrero de 1975. Después fui enviado a Cabinda y me tuvieron en Angola hasta 1982."

GENERAL JOSE SOLAR HERNÁNDEZ: "Fui enviado a Angola al frente de un grupo táctico donde estuvimos peleando durante 32 meses en medio de la selva africana"

GENERAL SAMUEL RODILES PLANAS: "Fui enviado a África varias veces. A Angola en 1977, 1978 y 1980. También estuve en Punta Negra, en el Congo y en 1987 participe en la limpieza de guerrillas en el sur de Angola"

GENERAL FERNANDO VECINO ALEGRET: "En 1975 fui para Angola en compañía de Abelardo Colomé Ibarra. Donde estoy hasta 1976. (Fernando Vecino Alegret tiene mucho cuidado en no mencionar su actuación en Viet Nam, donde ha sido reconocido como uno de los cubanos que torturaron a prisioneros norteamericanos. Esta versión tiene a su favor el que Fernando Vecino Alegret habla perfectamente el inglés, pues vivió en Hammond, Luisiana y estudio Ingeniería Química en la Universidad de Alabama. NOTA DE LVDCL)

GENERAL ROGELIO ACEVEDO GONZALEZ: "Fui enviado a Angola en 1975 como Jefe de Estado Mayor y regresé en 1985 como segundo jefe de la Misión Militar"

GENERAL LEONARDO ANDOLLO VALDES: "En 1977 fui enviado a Etiopía, pero el barco con las armas llego a Yemen, que era un gobierno amigo. Estuve en Etiopía 19 meses."

GENERAL FRANCISCO GONZALEZ LOPEZ: " En 1976 fui como comisario político a Angola."

GENERAL NESTOR LOPEZ CUBA: "En 1973 fui enviado al frente de un batallón de tanques a Siria. En 1975 me mandaron para Angola, donde participe en varios combates encontrándome en 1976 en la frontera con Namibia. También estuve en la Misión Militar en Nicaragua que considero la tarea más compleja, difícil, peligrosa y riesgosa que he tenido. Estuve tres años y tres meses en continua zozobra. Cuando viajábamos en tres o cuatro vehículos por los caminos continuamente éramos emboscados o los terrenos estaban minados. Cuando volábamos en helicópteros o en avionetas AN-2 nos tiroteaban continuamente. En una ocasión perforaron el helicóptero de escolta"

GENERAL ENIO HERNÁNDEZ RODRÍGUEZ: "En 1978 fui enviado a Etiopía como Jefe de Estado Mayor de la Décima Brigada de Tanques. En 1986 me mandaron a Angola como Jefe de la Brigada de Tanques de Luena.".

GENERAL JUAN ESCALONA REGUERA: "Desde 1975 visite varias veces Luanda y un par de veces Guyana, cuando no nos permitieron aterrizar mas en el aeropuerto de Barbados"

GENERAL RAMON ESPINOSA MARTÍN: "."En 1975 soy enviado a Angola, a la zona de Cabinda para preparar a los combatientes del Movimiento para la Liberación de Angola (MPLA). Tuvimos que hacer el viaje vía Lisboa, pues en ese tiempo había que entrar a través de terceros países" En 1976 casi pierdo la vida cuando una mina voló el carro blindado donde viajaba y me cayó encima, afectándome un pulmón, fractura de ocho costillas, fractura de la pelvis, estrechez de las dos caderas, fracturas de un tobillo, calcáneo, peroné, un brazo y una fisura en la columna. Después de recuperarme fui en 1980 a Etiopía como Jefe de la Misión Militar y a Viet Nam en 1982.

GENERAL HARRY VILLEGAS TAMAYO (Pombo): "En 1965 fuimos enviados al Africa para combatir al lado del Che en la guerra por la liberación del Congo Belga. El viajo se hizo vía Moscú, El Cairo, Dar es-Salaam hasta llegar a Tanzania. En nuestros documentos de viaje parecíamos como técnicos agrícolas que íbamos a ayudar al desarrollo agropecuario de Tanzania. La campaña en el Congo fue un desastre y tuvimos que escapar como pudimos llegando a Paris y de ahí a Praga, en Checoeslovaquia. Allí el Che nos plantea el asunto de Bolivia a mí, a "Papi" (José María Martínez Tamayo) a Tuma, Pachungo (Alberto Fernández Montes de Oca). Hice una crónica de nuestra estancia en Bolivia desde el 14 de Julio de 1966 hasta el 6 de marzo de 1968, cuando los sobrevivientes regresamos a Cuba. El primer cuaderno de este diario es del 14 de Julio de 1966 al 28 de Mayo de 1967 estaba en la mochila del Che cuando fue capturado en la Quebrada del Yuro.

GENERAL LEOPOLDO CINTRA FRIAS (Polo): "Fui enviado a Angola por primera vez en Octubre de 1975. En diciembre fui nombrado jefe del Frente Sur. Sumando en total de misiones que realicé en ese país hasta 1989, estuve un total de nueve años."

GENERAL ULISES ROSALES DEL TORO: "En octubre de 1963 fui enviado a Argelia como Jefe del Estado Mayor del Grupo Táctico de Combate donde estuvimos hasta mayo de 1964. Cumplí también una misión guerrillera en Venezuela, pero fueron 14 meses muy duros pues nos estuvieron combatiendo desde que desembarcamos en Machurrucutu hasta que pudimos regresar a Cuba. Desviando un avión comercial, amenazando con matar al piloto.

En otra nota ampliaremos país por país las intervenciones de Castro y su creación y control de la OSPA-

AL y la Tricontinental, destinadas a la instalación por la fuerza de seguidores suyos en los distintos países de América.

Lo mismo se plantea por Cuba en el Encuentro de Partidos Comunistas y Obreros celebrado en La Habana en el hemiciclo Camilo Cienfuegos de la Academia de Ciencias de Cuba en el año 1978. Utilizar como fuerza anti imperialista a los creyentes musulmanes, a pesar de sus conceptos religiosos anti Marxistas. Esta Tesis fue leída por Raúl José Valdés- Vivo, en aquel momento jefe del Departamento de Relaciones Internaciones del Comité Central del Partido Comunista de Cuba.

Es interesante que después de un análisis histórico de muchos años por los investigadores de varias Ciencias Sociales de la Academia de Ciencias de la Unión Soviética, en los años 70, llegaron a la conclusión que cuando una cultura pierde los lazos con la religión, esta se descompone de una manera tal que desaparece, este análisis viene de un exhaustivo estudio del papel relevante que juega las creencias religiosas por sí mismas como normalizadores de la conducta de los grupos humanos, en otras palabras, las normas religiosas de comportamiento social mantienen al hombre dentro de un coherencia del respeto del otro y la cooperación interpersonal basadas en los principios armónicos, respetando inclusive su libre albedrío. Es por esta razón que el comunismo tiene como filosofía el materialismo dialectico e histórica de la sociedad, impone como norma el ateísmo, desvirtuando los reales hallazgos científicos que fundamentan la existencia del espíritu, la Creación Divina y la Física Cuántica que demuestra la unicidad del Universo. Cuando se introduce la subversión en una sociedad, país o zona geográfica al imponer el ateísmo, la sociedad se descompone y pasa a la fase de crisis social, facilitando un cambio de poder.

La Dialéctica del Materialismo Histórico y Social nos tergiversa y justifica el advenimiento del Socialismo como un sistema de producción social superior al capitalismo, establece, según ellos, por el desarrollo de las contradicciones internas de los intereses de clase, obreros contra empresarios, esclavos contra esclavistas, estableciéndose la lucha de clases para resolver estas contradicciones, basadas en odio y la envidia, alce por la lucha de clases, pero nunca nos explica que el socialismo se impuesto por la fuerza y el engaño de un grupo de personas que seducen a las capas más ignorantes con promesas realmente utópicas. La evolución de los demás sistemas sociales se ha instalado no por la lucha de clases sino como consecuencia del desarrollo de los medios de producción, gracias al avance científico y técnico que el hombre como ser social ha desarrollado a través del devenir histórico de la sociedad.

Con estos antecedentes aparecen varias preguntas...

Con las decenas de instituciones de Inteligencia y Contra Inteligencia que tienen los países de cultura Judea Cristiana del hemisferio Occidental, en especial Estados Unidos de América sabiendo que las democracias representativas los han llevado por la senda de la prosperidad y el bienestar, sabiendo además que gracias a las Libertades y Derechos Civiles otorgados por las

Constituciones para sus ciudadanos y que se hacen automáticamente extensivas a los individuos invitados o no invitados, porque estas agencias no pueden componer un plan para detener la subversión política e ideológica que está destruyendo nuestras sociedad a través de la ruptura de valores de la familia, nuestras creencias, nuestras instituciones de todo tipo creando ciudadanos sin respeto a las normas de convivencia y respeto mutuo, individuos de personalidades bizarras, desviados sexuales, ateos, con modas apocalípticas, drogadictos, mendicidad, es que somos ciegos al fenómeno que cada día vemos proliferar y hasta la gran mayoría de nosotros lo ve con respeto, complacencia, admirando la diversidad y al menos siendo neutrales...es que no sabemos que el enemigo solo necesita de nosotros esta llamada indiferencia, neutralidad o respeto por lo maligno y aberrante.,

Para que nos sirven los Honorables Senadores, los Honorables Congresistas, los Gobernadores, los Honorables Jueces, los flamantes graduados de Harvard, Yale y el MIT, no importa de qué partido político sean, donde están los padres, los maestros, los psicólogos, los sacerdotes, los pastores, los artistas, los periodistas, que no sean capaces de ver que el sendero que caminamos termina en un abismo...

Podrían nuestros Honorables Senadores y Congresistas compartir la atención que prestan a los lobistas y las regalías que ellos le dejan debajo de la mesa...con los problemas que enfrentan hasta en su propia familia con la Subversión Política e Ideológica que enfrenta nuestra querida Patria.

¿Podríamos nosotros estar enfrentando una red subversiva del estilo de "Stay Behind" creada por los enemigos de Estados Unidos y solamente unos pocos la han percibido?

¡Los resultados los estamos viviendo…Usted lo vive día a día…!!!!

Capítulo 17

Coincidencia de las metas del Partido Comunista de Estados Unidos con el Plan de Subversión de los Once Puntos de la Escuela de Fráncfort, y al Partido Demócrata.

Los tres exactamente cumplen la misión de subvertir, espiar y sabotear para debilitar como preparación de un ataque militar a Estados Unidos, no es una plataforma o programa para desarrollar a un país.

[Tomado de "The Naked Communist", de Cleon Skousen]

OBJETIVOS DEL PARTIDO COMUNISTA DE ESTADOS UNIDOS (cualquier parecido con el Partido Demócrata es pura coincidencia no azarosa):

1. La aceptación por parte de Estados Unidos de la coexistencia como la única alternativa a la guerra atómica.
2. La disposición de los Estados Unidos a capitular antes que participar en una guerra atómica.

3. Desarrollar la ilusión de que el desarme total de parte de los Estados Unidos sería una demostración de fortaleza moral.

4. Permitir el libre comercio entre todas las naciones independientemente de la afiliación comunista y sin importar si los artículos pueden ser utilizados o no para la guerra.

5. Extensión de préstamos a largo plazo a Rusia y satélites soviéticos.

6. Proporcionar ayuda estadounidense a todas las naciones independientemente de la dominación comunista.

7. Conceder el reconocimiento de la República Popular China en la ONU.

8. Establecer Alemania Oriental y Occidental como estados separados a pesar de la promesa de Khrushchev en 1955 de resolver la cuestión alemana mediante elecciones libres bajo la supervisión de la ONU.

9. Prolongar las conferencias para prohibir las pruebas atómicas porque los Estados Unidos han acordado suspender las pruebas siempre que las negociaciones estén en curso.

10. Permitir a todos los satélites soviéticos la representación individual en la ONU.

11. Promover a la ONU como la única esperanza para la humanidad. Si su estatuto es reescrito, exija que se establezca como un gobierno mundial con sus propias fuerzas armadas independientes. (Algunos líderes comunistas creen que el mundo

puede ser asumido tan fácilmente por la ONU como por Moscú.).

12. Bloquear cualquier intento de proscribir al Partido Comunista.

13. Eliminar todos los juramentos de lealtad.

14. Continuar el acceso a Rusia a la Oficina de Patentes de los Estados Unidos.

15. Capturar uno o ambos partidos políticos en los Estados Unidos.

16. Usar las decisiones técnicas de los tribunales para debilitar a las instituciones estadounidenses básicas alegando que sus actividades violan los derechos civiles.

17. Obtener el control de las escuelas. Úselos como cinturones de transmisión para el socialismo y la propaganda comunista actual. Ablande el plan de estudios. Obtener el control de las asociaciones de maestros. Ponga la línea del partido en los libros de texto.

18. Obtener el control de todos los periódicos estudiantiles.

19. Usar disturbios estudiantiles para fomentar protestas públicas contra programas u organizaciones que están bajo ataque comunista.

20. Infiltrar en la prensa. Obtenga el control de las tareas de revisión de libros, redacción editorial, posiciones de formulación de políticas.

21. Obtenga control de posiciones clave en radio, TV y el cine.

22. Continuar desacreditando la cultura estadounidense al degradar todas las formas de expresión

artística. A una célula comunista estadounidense se le dijo que "elimine todas las buenas esculturas de los parques y edificios, sustituya las formas sin forma, torpes y sin sentido".

23. Controle a los críticos de arte y directores de museos de arte. "Nuestro plan es promover la fealdad, el arte repulsivo y sin sentido".

24. Eliminar todas las leyes que rigen la obscenidad llamándolas "censura" y una violación de la libertad de expresión y la libertad de prensa.

25. Analice los estándares culturales de la moral promoviendo la pornografía y la obscenidad en libros, revistas, películas, radio y televisión.

26. Presentar la homosexualidad, la degeneración y la promiscuidad como "normales, naturales, saludables".

27. Infiltrarse en las iglesias y reemplazar la religión revelada con la religión "social". Desacredite la Biblia y enfatice la necesidad de madurez intelectual que no necesita una "muleta religiosa".

28. Eliminar la oración o cualquier fase de expresión religiosa en las escuelas sobre la base de que viola el principio de "separación de la iglesia y el estado".

29. Desprestigiar la Constitución estadounidense calificándola de inadecuada, pasada de moda, fuera de sintonía con las necesidades modernas, un obstáculo para la cooperación entre naciones a nivel mundial.

30. Desacreditar a los Padres Fundadores Americanos. Presentarlos como aristócratas egoístas que

no tenían ninguna preocupación por el "hombre común".

31. Reflexionar sobre todas las formas de la cultura estadounidense y desalentar la enseñanza de la historia estadounidense sobre la base de que era solo una parte menor del "panorama general". Da más énfasis a la historia rusa desde que los comunistas tomaron el poder.

32. Apoyo cualquier movimiento socialista para dar un control centralizado sobre cualquier parte de la cultura-educación, organismos sociales, programas de bienestar, clínicas de salud mental, etc.

33. Eliminar todas las leyes o procedimientos que interfieren con el funcionamiento del aparato comunista.

34. Eliminar el Comité de la Cámara de Actividades Anti Americanas.

35. **Desacreditar y finalmente desmantelar el FBI.**

36. Infiltrarse y obtener el control de más sindicatos.

37. Infiltrarse y obtener el control de las grandes empresas.

38. Transferir algunos de los poderes de arresto de la policía a las agencias sociales. Trate todos los problemas de conducta como trastornos psiquiátricos que nadie, excepto los psiquiatras, puede comprender [o tratar].

39. Domine la profesión psiquiátrica y use las leyes de salud mental como un medio para obtener control coercitivo sobre aquellos que se oponen a los objetivos comunistas.

40. Desacreditar a la familia como una institución. Fomentar la promiscuidad y el fácil divorcio.
41. Enfatice la necesidad de alejar a los niños de la influencia negativa de los padres. Atribuyen los prejuicios, los bloqueos mentales y el retraso de los niños a la influencia represiva de los padres.
42. Crear la impresión de que la violencia y la insurrección son aspectos legítimos de la tradición estadounidense; que los estudiantes y grupos de intereses especiales deben levantarse y usar ["] United Force ["] para resolver problemas económicos, políticos o sociales.
43. Derrocar a todos los gobiernos coloniales antes de que las poblaciones nativas estén listas para el autogobierno.
44. Internacionalizar el Canal de Panamá.
45. Derogar la reserva de Connally para que los Estados Unidos no puedan evitar que la Corte Mundial asuma decisiones.

Lea más en http://www.beliefnet.com/columnists/ watchwomanonthewall/2011/04/the-45-communist-goals-as-read-into-the-congressional-record-1963.html#6zAr7Q2T6oOCGR5R.99

Referencias bibliográficas

"I was a Gladie" Documental YouTube
Declaraciones del General Ion Pacepa
https://www.google.com/webhp?sourceid=chrome-instant&ion=1&espv=2&ie=UTF-8#q=fun-

dacion+del+estado+de+israel+por+la+nacio-
nes+unidas
https://factoriahistorica.wordpress.
com/2011/08/09/la-creacion-del-estado-de-is-
rael/

http://www.greenpeace.org/international/Global/
international/planet-2/report/2006/2/the-
greenpeace-book-of-the-nuc.pdf
http://www.lockheedmartin.com/us/100years/sto-
ries/pershing.html
The Art of Subversion, Tomas Schuman (Yuri Bezmenov) L.A. 1983
This lecture clearly outlines the means by which propaganda has been used by the Soviets to subvert
Western Society by ...
Psychological Warfare & Subversion: Cultural Mar-
xism, Islamism and Feminism
A breakdown of the unholy trinity of Cultural Mar-
xism, Islamism and Feminism; psychological
warfare and subversion tactics.
Yuri Bezmenov: Psychological Warfare Subversion &
Control of Western Society (Complete)
Yuri Bezmenov (alias Tomas Schuman), a Soviet
KGB defector, explains in detail his scheme for
the KGB process of subversion ...
Kevin Shipp - the Subversion of America
The Subversion Agenda - Part 1 of 3
In this presentation, we will be looking at Something
that is primarily called Agenda 21 We will look at
aspects of the United ...

Subversion explained by former KGB agent (Yuri Bezmenov)

Check out the links: http://www.marylandthursday-meeting.com/Archives/SpecialWe... ...

Ideological Subversion - Yuri Bezmenov (KGB)

https://www.youtube.com/user/jjmacc1980KGB defector Yuri Bezmenov explains how the Communists use ideological subversion to attack and weaken the west.

TortoiseSVN (Subversion) Tutorial

This tutorial describes Subversion and shows how to upload files onto a Subversion repository using TortoiseSVN. Installing ...

Subversion Basics with TortoiseSVN Tutorial

Subversion Basic Workflow with TortoiseSVN in 5 minutes. You'll learn * how to checkout a working copy * commit changes back ...

Soviet Subversion of the Free World Press, 1984 - Complete

Yuri Bezmenov, a Russian born, KGB trained subverter tells about the influence of the Soviet Union on Western media and ...

The Subversion Factor Edward Griffin

The Quixote Code - Oppression and the Art of Subversion: Mass Giorgini at TEDxPurdueU 2014

Massimiliano Adelmo Giorgini is currently an Assistant Professor of Spanish at Ivy Tech Community College Lafayette and is PhD ...

Immersed in Subversion: Control the Culture.